ANTHROPOLOGY FROM ASIAN POINT OF VIEW

アジアから観る、考える

●文化人類学入門

片山隆裕 編
KATAYAMA TAKAHIRO

ナカニシヤ出版

まえがき

二一世紀は九・一一同時多発テロという衝撃的な出来事によって幕を開けた。イラク戦争、アフガン問題、北朝鮮の核問題、ミャンマーの軍事政権による僧侶や民衆の制圧など、人類にとっての危機的な問題は後を絶たず、内外を問わず人々の生活格差はどんどん拡大している。グローバル化の波はさらに世界を覆い、ヒト、モノ、資本、情報、技術などの流動化も活発化している。世界は大きく、そしてめまぐるしいはやさで動き、激動する世界の中で、アジアや日本の社会はかたときも眼を離せない状況の中にある。

アジア諸社会を対象にしながら「文化人類学」を学ぼうとする方々のための入門テキストとして編まれた『アジアの文化人類学』(一九九九年三月)の出版からすでに九年が経過した。そこで、この九年間の世界や日本の状況の変化をふまえて、新たなテキストを出版することになった。新テキストは、前編著のコンセプトを引き継ぎながら、ここ数年の新たな社会や文化のダイナミックな動きを考慮に入れて書かれている。アジア諸社会をフィールドとして研究を行なってきたベテラン・中堅・若手の研究者たちが、文化人類学や現代の文化研究の中からいくつかの興味深いトピックを、それぞれの語り口で語っている点では前編著と同じであるが、今回は前編著の執筆者に加えてさらに若手研究者を起用し、新たなトピックを付け加えるとともに、最新の研究成果を披露していただいている。

前編著と同様、本書でも「文化人類学」「現代文化のダイナミズム」「アジアの社会と文化」を学ぼうとする読者のために、いくつかの工夫をほどこしている。第一に、各章の執筆者にはできるだけテーマに即した事例を盛り込んでいただいており、入門者にも分かりやすい内容になっている。第二に、各章に数点の図表・写真などが盛り込まれており、読者の方々により具体的なイメージをもっていただきながら、各章のテーマに関する理解を助ける工夫をしている。第三に、各章のテーマに関連する興味深いトピックに関するコラムを設けており、気軽に読んでいただける工夫を凝らしている。第四に、各章のテーマに関連するキーワードを掲げており、本書を読んで関心をもられた読者がさらに勉強をすすめるのに役立つような配慮がなされている。そして最後に、読者のさらなる学習の指針となるよう、比較的入手しやすい文献が「もっとくわしく知りたい人のための文献案内」として掲げられている。本書を読み終えられた読者が、文化人類学や現代アジアの文化のありように関心をもち、さらに学習を進めていかれるための指針のひとつとなれば幸いである。

二〇〇八年三月

編者　片山　隆裕

目次

第二部　呪術・宗教と病い

第三部　開発とマイノリティ

コラム目次

序章　アジアから観る、考える——文化人類学入門

ANTHROPOLOGY: FROM ASIAN POINT OF VIEW

片山　隆裕

【キーワード】
グローバリゼーションとローカルな文化、トランスナショナリズム
オリエンタリズム、ポストコロニアル、ネイティブの人類学

一　文化人類学と二一世紀の世界

（一）文化人類学と「文化」の概念

「人類学」（anthropology）は、人間に関係する慣習、価値、現象などを総合的に研究する学問である。アメリカでの分類を借りれば、人間と他の生物と類似点や相違点を発見することを目標にした「形質人類学（自然人類学）」（Physical Anthropology）、遺跡を発掘して過去の人間社会の生活を研究する「先史考古学」（Prehistoric Archaeology）、社会・文化・経済・宗教・言語などさまざまな分野にわたって異なる世界の民族の比較研究を行なう「文化人類学」（Cultural Anthropology）に大別することができる。

「文化人類学」の用語は、一八七一年に出版された『原始文化』の著者であるイギリスのタイラーが使い始めたとされる（山下編 二〇〇五：二）。歴史的にみると、文化人類学は、一九世紀後半から欧米や脱亜入欧後の日本の植民地支配体制の下での「未開社会（無文字社会）の研究」として発展してきた。本格的には二〇世紀になって、イギリスのマリノフスキーやラドクリフ＝ブラウンなどが実施したフィールドワークに基づく「民族誌」の刊行や、「アメリカ人類学の父」と称されるボアズとその弟子たちによる研究成果などを契機として展開・発展をみてきた。

文化人類学においてその鍵となる概念は「文化」(culture)である。タイラーの古典的定義(=「(文化もしくは文明とは)知識、信仰、芸術、道徳、法律、慣習、その他、社会の成員である人間によって獲得されたあらゆる能力や習慣の複合総体である」(『原始文化』一八七一年)以降、文化に関してはさまざまな立場からさまざまな定義がなされてきた。文化の理論を中心に発展してきたアメリカ人類学の歴史を例にとれば、(1)創成期(ボアズが教え始めた一八九〇年代から一九一〇年代)、(2)初期(クローバーほかボアズ門下が活躍した一九二〇年代から一九四〇年代前半)、(3)発展前期(文化とパーソナリティ[心理人類学]、機能主義、および新進化主義/文化生態学の3学派が勢力を争った一九四〇年代後半から一九六〇年代前半)、(4)発展後期(認識人類学、象徴人類学、解釈人類学、文化唯物論、ポリティカル・エコノミー論などさまざまな学派が登場した一九六〇年代後半から一九八〇年代前半)、(5)転換期(人類学的パラダイムの見直しが始まった一九八〇年代後半以降)、という五つに区分される。伝統的文化観は、一九四〇年代前半頃に確立されるが、その特性として(文化は)「学習される」「共有される」「理念と実践の双方からなる」「統合されている」「適応の手段である」「変化する」などを挙げることができる(桑山(山下編二〇〇五:二一三―五)。第三期、第四期には、たとえば、文化を「自然環境に対する適応の体系」とするとらえ方や、「人間が自ら紡ぎだした意味の網の目の体系」とするとらえ方などがあるが、第五期以降には、文化の流動化の進行によって、文化をめぐる新たな状況や認識が登場している。

(二) 文化人類学の方法―フィールドワークと比較

文化人類学は、異なる文化をもつ人々の社会でフィールドワーク(Fieldwork 現地調査)を行ない、「民族誌」(Ethnography)を書くことを専門とする分野として発展してきた。人類学者は自らが調査研究しようとする社会に出かけていき、可能であれば少なくとも一年以上現地に住み込み、現地のさまざまな出来事に参加し、生活することが期待される。マリノフスキーが、ニューギニア東南端のソロモン群島海上にあるトロブリアンド諸島で行なったフィールドワークに基づいて著した『西太平洋の遠洋航海者』(一九二二)は、近代人類学の草創期に書かれたすぐれた民族誌の一つである。

フィールドワークの内容は、参与観察（Participant Observation）、インタビュー（Interview）、および、それらの内容を記録するフィールドノートや日記・日誌の作成、音声・画像・映像によるの資料の収集などであり、これらの活動を通じて、現地の人々の生活や彼らの主観的な（内部者の）視点に迫ることを目的としている。この場合、自分が慣れ親しんだ価値観や知識で他者をみるエスノセントリズム（Ethnocentrism）をできるだけ排除し、現地語を習得して現地の人々との間に信頼関係（ラポール）を形成しながら意思の疎通をはかり、また、自らのフィールドワークが現地の社会に与える影響について配慮をしながら、実施することが必要であるとされる。

写真序 -1　パロウン族女性への「インタビュー」を終えて（タイ・チェンラーイ県）

ところで、ある文化を理解するためには他の文化との比較が有効である。私たちは、普段自分たちが行なっていることや考えていることを当たり前だと思いこんでいるが、外国を訪れたときなどに、異なる習慣や考え方に出会って驚いたり戸惑ったりすることがある。日本人は現在、普通、米を炊飯器で炊くが、たとえば、タイの農村で「竹筒飯」（竹筒にモチ米を入れ、ココナッツクリームを加えて焼き焦げた竹の表皮をはぎ落とし、バナナのように指でむく携行食）を食べ、米の種類や味や調理法などを知ると、「なぜ、そのようにするのか？」「それはどのような意味をもつのか？」といった疑問が沸いてくる。こうした疑問について考え、たずね、調べて、その答えを導き出すことができたとき、少

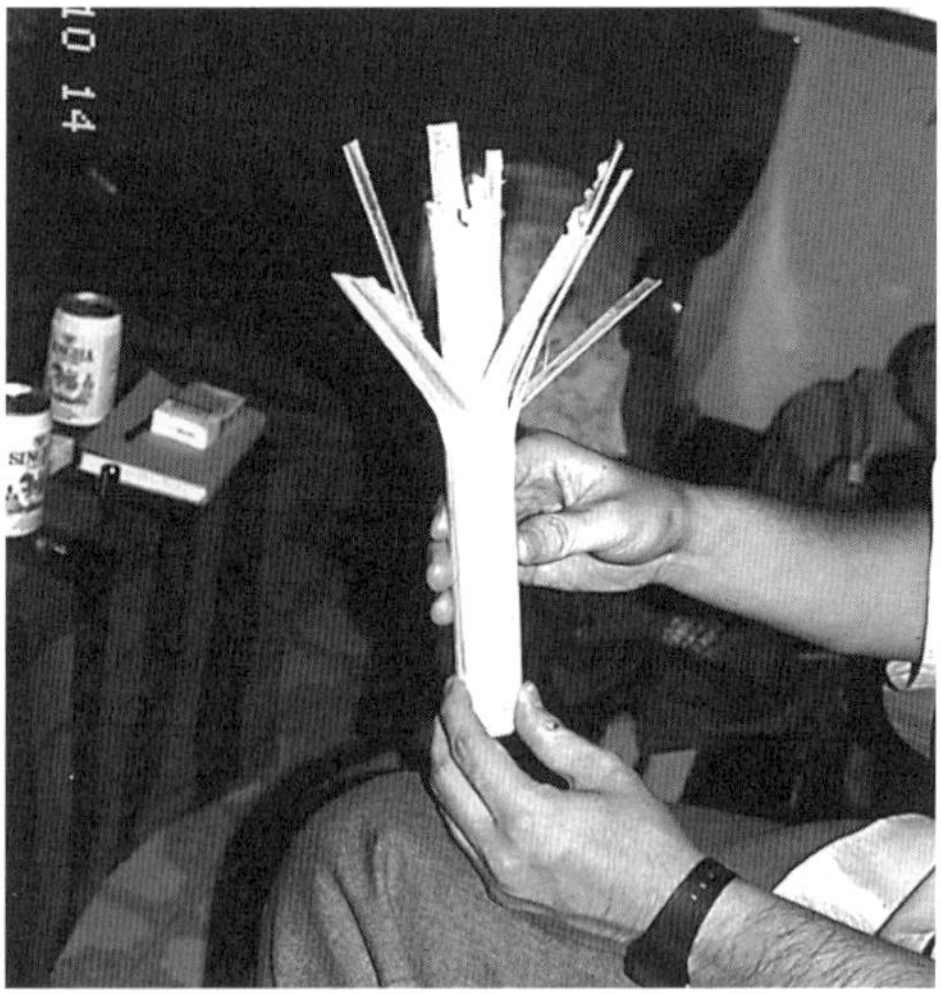

写真序-2　タイ農村で「竹筒飯」（カーオ・ラーム）を食べる

しだけ文化の理解に近づくことができる。

人類学における比較について語るとき、一九二五年頃から開始された「人間関係地域目録」（Human Relation Area Files—HRAF）を思い出す。これは、世界中の社会や民族についての文献を網羅的に集め、それらの文献に収められているデータを細部にばらして、あらかじめ作られている分類の該当箇所にファイルしたものである。文化要素をばらばらに切り離して、別の社会の文化要素と比較することの有効性について根本的な問題を抱えながら、通文化的比較（Cross-cultural Comparison）を行なう際の材料となっている。比較には、ある社会の文化—たとえば日本文化—を理解するのに、欧米の社会を一つもってきて差異や相似を指摘するのではなく、もう一つ、たとえば日本と文化的に離れているアフリカの社会の一つを第三点としてもってきて相互の差異や類似の度合い、その角度を測る「文化の三角測量」という方法が有効であることなども論じられている（山下、船曳編 一九九七）。

（三）文化人類学におけるパラダイムの転換

二〇世紀も後半になると、文化人類学が対象としてきたかつての植民地は次々と独立する。そして国家建設と近代化の過程で、人々は仕事や教育を求めて村落社会から都市に移住していき、伝統社会も開発の波にさらされていく（山下（山下編）二〇〇五：三）。かつて文化人類学の対象だった「未開社会」は大きく変貌を遂げ、近代化、都市化、国民国家形成、開発、エスニシティ、移住・移民などが研究の与件になった。

未開社会（無文字社会）や伝統社会は、それらが属する国民国家の体制や政策と不可分ではありえず、さらに冷戦構造が崩壊した一九九〇年代以降のグローバリゼーションやトランスナショナリズムの急速な進展は、社会や文化のありかたをより複雑なものにしてしまうことになる。こうした状況の中、文化人類学も変貌を余儀なくされ、伝統的人類学にみられた方法論的地域主義に基づく「民族誌」の記述から、国家を視野に入れた「動態的民族誌」（山下一九八八）や「超国家人類学」「マクロエスノグラフィティー」（アパデュライ 一九九〇）の試みへの転換の必要を迫られるようになった。

また、一九八〇年代後半には、人類学の領域にもフランスのポスト構造主義やサイード（一九七八（訳一九九三））によるオリエンタリズム批判と相まって、近代西欧の価値観、とくに理性、合理性、客観性、真理、科学、普遍性、能動的主体などを重視する啓蒙主義的見方に対するアンチテーゼ（前出、桑山（山下編））であるポストモダニズムの影響が押し寄せてきた。この思想的潮流は、西洋中心主義的な人文科学全体のありかたへの疑問を抱かせかつ警鐘を鳴らし、西洋と非西洋の不均衡な権力関係や植民地主義、人種といった問題が（文化）人類学という学問領域を成立させてきたことの問い直し作業を提起するものであった。たとえば、クリフォードとマーカスの『文化を書く』（一九八六）は、研究される側の人々が、人類学者の著作を読んだり、自らの社会や文化について書くような時代において、文化人類学者をはじめとする研究者たちは、どのような資格で他の文化を表象し、民族誌を書いたりすることができるのか？という問いかけを行ない、新しい思想の潮流の一つの象徴となった。また、西欧生まれの人類学や民族誌において、従来は観察され描かれる立場にあった非西欧社会のネイティブ知識人たちが、自らの言語で自らのために自らを語ることをしはじめ、その中で従来の研究内容に対する監視や異議申し立てが顕在化してきた。さらに、マイノリティの人々による脱植民地化運動は、旧来の人類学の実践に対する根本的な反省を人類学者につきつけている。

（四）一九九〇年代以降の世界と文化のダイナミズム

こうしたパラダイムの転換は、一九九〇年代から急速に進んだグローバリゼーションやトランスナショナリズム

写真序 -3　商売や観光のために国境を越える人々—タイとミャンマーの国境橋

によって決定的になる。グローバリゼーションは、輸送手段やメディアなどの発達によって、ヒト、モノ、資本、情報の流れが地球規模で進み、その結果もたらされた「時間と空間の圧縮」によって、世界各地に密接な相互関連が生じた二〇世紀末以降の状態または過程である（桑山（綾部編）二〇〇二：五五）。また、トランスナショナリズムは主に民間・非政府組織、個人ベースで国境を越えて展開するヒト・モノ・情報・金融・資本などのインフォーマルな交流・流動化の関係や過程（Kearney 一九九五）とされ、グローバリゼーションと表裏一体の関係にある。アパデュライ（一九九〇）は、グローバルな文化の流れを「五つの風景（スケープ）」—エスノスケープ（旅行者、難民、移住者、出稼ぎ労働者など国境を越える人間の大移動）、メディアスケープ（デジタル情報技術を通じた大量情報の高速伝達）、テクノスケープ（多国籍企業などがもたらす大量の技術やモノの流動化現象）、フィナンスケープ（外国資本の株式市場や為替市場への流入現象）、イデオスケープ（人権思想やネオリベラリズムなどの思想が広範囲に普及する現象）—として示した。世界におけるこうした新しい状態や過程が進行する中で、明確な境界線で区切られた一つの場所に一つの民族が住み、独自の生活を先祖代々営んでいるという伝統的文化観は、再考を余儀なくされることになるのである。

トランスナショナリズムは、具体的にはアメリカのテレビ番組、デジタル技術、コカコーラやマクドナルドハンバーガーなどの国境線の乗り越え・侵入などとして展開するが、その過程で初めて標準化というグローバル化の具体

写真序-4　グローバル資本とローカルな文化―タイ式挨拶（ワイ）で客を迎えるマクドナルドハンバーガーの人形

的な現象があらわれてくる。ところで、ある民族の独自な文化は、グローバリゼーションの波に飲み込まれてしまうのだろうか？　グローバリゼーションの進行は、同時にそれとは一見対立するようなローカルな文化や民族意識の台頭をうながしている。ロバートソン（一九九五）は、グローバリゼーションの進行がローカル化の進行をともなう点を論じ、グローバリゼーションとローカルをあわせてグローカリゼーションと呼んだ。また、アパデュライ（二〇〇四）は、ローカルなものはグローバルなものによって想像力を媒介に生み出され、流動化し複雑化するグローバルとローカルの関係の中に、旧来の「ナショナル」という枠組みは失効しつつあると主張し、ローカルな現象を対象にそこに働くグローバルな力を分析する姿勢を示している。

グローバリゼーションやトランスナショナリズムの進行とともに入ってきた外来の文化要素は、たとえそれが押しつけられたものであっても、時間の経過とともに消化され、現地に溶け込んでいく。流用・翻訳的適応・土着化といった文化のダイナミズムが存在するのである。また、とくにポピュラーカルチュアの分野では第三世界から第一世界への流れがあることも無視できないし、世界各地で頻発しているエスニックナショナリズムや原理主義のように、グローバリゼーションを引き起こすアメリカなど一部の強国に対する反発・抵抗の動きも見過ごすことはできない（桑山前掲）。

こうした状況の中で私たちは、文化についての新たなとらえかたをすることが必要となってくる。文化は、領土という物理的・

空間的な基盤から離脱して構築されていき（「文化の脱領土化」）、対立、折衝、取引、展示、生産、再構築される意味解釈コンテクストとなり、矛盾や不調和を含む、問題化の対象としても意識されるようになっている。グローバリゼーションにともなう脱領域化・再領域化、難民・亡命者・出稼ぎ移民など「周縁」からのメトロポリタンに向かうトランスナショナルなヒトの移動、文化のクレオール化や異種混淆化（ハイブリッド化）、民族紛争の激化、第三世界への新植民地主義の浸透、米国を中心とするネオリベラリズム体制の強化など、めまぐるしく動く現代世界を語るうえで必要な知識や視点を、私たち一人一人がじっくりと身につけていく努力をしなければならない。

二　アジアから観る、考える—本書の構成と概要

本書は、二〇世紀末から二一世紀にかけて起こった新たな状況を踏まえながら、主として文化人類学の立場からアジア社会を対象として分析をすすめていこうとするものである。前編著（『アジアの文化人類学』）で取り扱った家族、ジェンダー、子供など身近なテーマはそのまま残し、呪術・宗教や病気については、エイズ問題など新しいテーマを盛り込みながら再編を試みた。また、開発、マイノリティ、エスニシティなどの現在進行形のテーマについても近年の状況や事例を踏まえており、新たにポストコロニアル時代の文化研究という内容を付け加えた。また、前著で取り扱ったアジアの諸地域に加えて、新たに北朝鮮、マレーシア、フィリピン、そして、日本との関係においてオーストラリアといった国や地域を加えて、アジア社会の多様な状況と文化のダイナミズムが理解できるよう配慮している。

本書は、主として5つの部分から構成されている。第一部では、「家族・ジェンダー・子供」に関連するトピックが取り扱われている。まず第一章で、中西裕二氏は、日本、朝鮮半島、ベトナム、中国など、東アジア諸社会における家族と親族の特性を分かりやすく説明しながら、日頃私たちがほぼ無意識に使っている「伝統と近現代」という図式を再考するとともに、あらためて家族や親族といった概念について検討を加えていくという、文化人類学的な視座

を示している。

第二章で、佐々木正徳氏は、ジェンダーに関わる問題の解決のためには差別する側（多くの場合男性）の意識改革が不可欠であるという前提にたち、ジェンダーの問題を考えるために男性に焦点を当てることの必要性を指摘する。そして、男性のジェンダーに焦点を当てながら、セクシュアリティの問題も含めて韓国社会を読み解くという興味深い作業を行なっている。

第三章で、坂元一光氏は、東アジアの三つの社会（日本、韓国、中国）における産育文化の持続と変化を、出生率や出生性比などの人口現象を手がかりに検討している。産育の営みや子供観が、ローカルとグローバルの相互作用の中で社会文化的に編成されるプロセスや構造についてマクロな視点で分析することによって、そこにジェンダーの問題が共通して存在することや、少子化や性比不均衡が国家や社会の境界を越えた現象であることなどを明らかにしている。

第二部は、「呪術・宗教と病い」に関するトピックが取り上げられている。第四章で、成末繁郎氏は、「文化vs自然」およびその下位バージョンである「社会vs個人」という西洋近代のパラダイムが、呪術の分析に関わる人類学者にいかに影響を与えてきたかを確認し、呪術の分析が孕む問題を考察している。タイのバンコクを拠点とするヒーリング・カルトに関するアジア出身の人類学者タンバイアの分析を紹介しながら、彼の議論が、西洋近代の枠組みを相対化している点を評価するとともに、そこに含まれる問題を指摘している。

第五章で、片山隆裕と中野明希子氏は、タイとマレーシアの状況を手がかりにエイズという病いに対する意味づけや実践を取り上げる。アジアで最も早くHIV/AIDSの感染が拡大したタイで、当初の対応の遅れにもかかわらず、一九九〇年代以降、さまざまな機関やグループの連携・協力のもと対応がとられてきたことと、イスラーム教徒が多数を占める複合民族国家マレーシアでの戦略的なHIVポジティブであることを利用する実践例が報告されている。

第三部は、「開発とマイノリティ」の問題が取り扱われる。第六章で、森谷裕美子氏は、フィリピンのイゴロットやパラワン族などの事例をもとに、「開発とは一体何か」「何のために開発をするのか」といった根本的問題について検討し、開発が人間の幸福のために行なわれなければならないこと、人間の幸福に対して文化人類学や人類学者がどのような貢献ができるのか、という課題を指摘している。

第七章で片山隆裕は、近代から現代にいたる観光発展のプロセスと観光人類学の課題を述べ、タイの山岳少数民族観光を手がかりに観光と文化との関わりについて語っている。山岳少数民族観光は当該社会にさまざまな負の影響をもたらしてきたが、近年の新たな観光のありかたを模索する中で、「持続可能な観光」が開始され注目を集めていることが具体的事例で語られる。

第四部は、「グローバリゼーションとエスニシティ」の問題が取り上げられる。まず、第八章で、小鳥居伸介氏は、インドネシアと、東チモール、アチェにおける分離独立運動を事例として、グローバル化とその関連要因が、国家・

【コラム】

サッカーは現代世界を映す「鏡」でありつづける

一九九三年、日本にプロサッカーリーグ（Jリーグ）が誕生したあと、世界的に名の知られたリネカー（イングランド）、スキラッチ（イタリア）、ストイコヴィッチ（ユーゴスラヴィア）などの有名選手をはじめ、多くの外国人選手が日本のプロサッカーチームにやってきた。筆者が熱狂的に応援していた「鳥栖フューチャーズ」（現サガン鳥栖の前身）にも、カメルーンやパナマの代表選手や旧ユーゴ出身の選手たちが所属していた。日本が初めて出場した一九九八年のワールドカップサッカーフランス大会以降、中田英寿選手をはじめとする日本人選手もヨーロッパ、南米などのチームに移籍するようになった。こうした動きは「グローバリゼーション」「トランスナショナリズム」という言葉が、一般にも馴染み深くなっていく過程と平行している。

一九九八年のワールドカップで優勝したフランス代表チームがアルジェリア、ガーナなどのアフリカ系の選手、カリブ海出身の選手など世界各地からの移民やその子孫たちから構成されていたことは周知のとおりだが、この大会では決勝戦でフランスと戦ったブラジルのFWのロナウド選手がまったく活躍できず、ブラジル敗戦（0―3）の戦犯扱いされた。このときロナウド選手は体調不良のため、先発メンバー入りできる状態ではなかったそうだが、無理を押してプレーすることになったという。このフランス対ブラジルの決勝戦は、言い換えると「アディダス対ナイキ」というグローバル資本の激突であったことはよく知られているが、黒人（系）選手の肉体の躍動感を商品化してきたナイキ社にとって、ロナウドが出場しないことは「ありえない」ことだったのかもしれない。ヨーロッパのサッカーシーンではアフリカや南米の選手が数多く活躍している。現在に至るまでには、アフリカの若手有望選手がサッカービジネスの罠に落ち搾取にあうなど、人的資源をめぐる主人と奴隷の植民地的状況が反復されるといった事例も耳にするが、こうしたこともポストコロニアルの立場から議論の対象になっている。サッカーはあらゆる意味で、現代世界を映し出す鏡であり続けるといえるのではないだろうか？（参考資料　オサス・オバイウワナ「アフリカとヨーロッパはサッカーの対等者なのか？」有元・小笠原編　二〇〇三　所収、山本敦久「現代スポーツとグローバル資本主義」菊・清水・仲澤・松村（編著）二〇〇六　所収）

ネーション、エスニシティの形成・再形成や、国家とエスニシティの関係のありかたにどのように関係し、影響を与えてきた（与えている）かについて検討している。

第九章で、韓景旭氏は、トランスナショナルな移動の時代である現代における北朝鮮人の中国朝鮮族社会への移動（越境・脱北）の要因と背景について、自らの聞き取り調査によって得られた資料によって検証を行なっている。越境・脱北がその年によって変化し、背景や動機もさまざまであるとともに、女性脱北者の中にはブローカーによる人身売買の被害にあう者も多いことを指摘している。

最後に、第五部は「ポストコロニアル時代の文化研究」である。第一〇章で、岩切朋彦氏は、植芝盛平氏によって創始され、その子息植芝吉祥丸氏によって発展してきた合気道が、一九五二年以降、海外へ普及（合気道の越境）

するプロセスで、「日本文化」の「特殊性」を原動力としつつ、西洋の抱くオリエンタリズム幻想を利用してきたことを述べ、その結果生じた状況の一例をオーストラリアにおける事例を通して語っている。一一章で、長友淳氏は、一九九〇年代以降、観光および移住の地としてオーストラリアが人気を集める理由について、観光イメージや観光客と移住者の実践に注目して論じている。観光客はビーチやコアラなど、まなざしの対象を消費する傾向がある一方で、移住者はライフスタイルを重視し生活の一部としての余暇を享授する傾向があることを指摘している。最後に第一二章で、齋藤大輔氏は、現代世界におけるグローバリゼーションの進展やトランスナショナルな文化のフローという状況をうけて、タイのポピュラー文化、とくにラップミュージックを事例に取り上げながら、グローバルな文化がタイというローカルなコンテクストにおいて受容され、消費されている様相と、混成化を通じて再編されているプロセスについて論じている。

以上のようなテーマ構成は、各執筆者が日頃から関心をもってすすめてきた研究成果の一部であり、かつ、編者自身が関心を抱き読者の方々にも一緒に考えてもらいたいと思っているものばかりである。文化人類学や現代の文化研究が取り扱ってきた（あるいは取り扱っている）重要なテーマを反映したテキストとして、また、現代アジア社会に関心を寄せる読者が方々の理解を手助けするテキストとして、本書がお役に立てば幸いである。

【もっとくわしく知りたい人のための文献案内】

綾部恒雄（編）　二〇〇二　『文化人類学最新術語100』　弘文堂
　近年、文化人類学の分野で使用頻度が高くなった術語・用語に関するコンパクトな解説本。内容、キーワード、参考文献、索引なども充実した必携の一冊。

綾部恒雄（編）　二〇〇六　『文化人類学二十の理論』　弘文堂
　一九七〇年代から二〇〇〇年にかけてあらわれた文化人類学の学説・理論を二〇項目に分けて紹介している。同編著者の『文化人類学十五の理論』（中公新書）とあわせて読むことをお薦めする。

有元　健・小笠原博毅（編）二〇〇五　『サッカーの詩学と政治学』　人文書院
　ロンドン大学ゴールドスミス校でのサッカーシンポジウムをきっかけに生まれた一冊。サッカーを題材に、文化的アイデンティティ、脱植民地化、メディア表象などが議論され、サッカー好き（筆者）にとっては最高の一冊。

サイード、E．一九七八『オリエンタリズム』（今沢紀子訳）平凡社 一九九三年

「我々はいかにして異文化を表象することができるのか」―人類学だけでなく、多くの学問領域にまたがるパラダイムシフトを担う。ポストコロニアル批評にとってサイードは避けて通ることができない一冊。

山下晋司（編著）二〇〇五『文化人類学入門―古典と現代をつなぐ二十のモデル』弘文堂

文化人類学の古典的研究と現代的課題を接合し、私たちが現代の諸課題に取り組むための人類学の構築をめざす好著。二〇のトピックに関する古典が提示され、現代とつなぐモデルが示されている。

第一部

家族・ジェンダー・子供

一章　家族と親族関係をめぐる伝統と近代——東アジアを中心に

ANTHROPOLOGY: FROM ASIAN POINT OF VIEW

中西　裕二

【キーワード】
伝統、近代、家、父系出自集団、歴史

一　隠喩としての「家族」

現代の日本では、社会の急速な近代化・現代化による負の側面が顕在化すると、それを再構成し家族論に再定位させる語りがしばしば登場する。たとえば、何か事件が起きると、その事件の真相が何であれ、それを通して現代の家族問題を論評する、といった型である。

もう少し具体的に考えよう。たとえば何か事件が起こる。するとメディアでは、その事件を通してしばしば「家族の危機」や「家族の崩壊」が語られる、という構造がその代表といえる。私の周囲を見渡しても、個々に家族が問題を抱えることはあっても、それは昔も今も同じことだと思うし、取り立てて危機とか崩壊という刺激的な言葉を使う必然性を感じないことも多々ある。ではなぜこの種の言葉がメディアに登場するかといえば、それは現代という時代をより鮮明に描ける、という単純な理由だろう。

つまり、現代とその前の時代の差異を強調することで、現代という時代の輪郭を明確化しているのである。その際、家族はその差異を示す良い指標になる訳だ。一般的に日本は、戦前によく見られた、三世代、四世代の家族員が共住する「伝統的な家」から、現代化・都市化により核家族に変化したといわれる。核家族の増加、また共稼ぎ世帯の増加は、社会的規範や道徳の基礎を子供に教えるという家族の機能の弱体化をもたらしたともいわれる。

この種の、現代とその前の時代を対比的に描く図式は、別段目新しいものではない。伝統と近現代という言葉で、私たちはほぼ無意識に、日常的にこの図式を使っている。だが、ここでいったん立ち止まってみたい。このような、伝統／近現代という時系列的に思える概念に沿って文化、社会の諸事象を整理する語り方を、私たちは無批判に使用することができるのだろうか。実のところ、私たちはこの区分を「当たり前」のこととして使用しがちである。当たり前なので、この区分に関する検証そのものが不必要とも思いがちだ。

本章では、この「不必要な検証」と考えがちな点に着目し、私たちが日常的に使用している伝統／近現代の区分を再考することで、改めて家族とか親族といった概念を再考してみたい。「当たり前」を自明視せず、相対化させ、比較し、文化や社会の諸事象に向き合うこと、これが文化人類学的な視座そのものだからである。

二　血縁と地縁

以下では、日本をはじめとする東アジア諸地域の家族、親族の考察と比較を試みることにする。そこで本題に入る前に、少々荒っぽくなるが、東アジアの領域と東アジアの家族、親族の見取り図を示してみたい。

東アジアとは基本的に、中華文明とその影響を強く受けた地域、国家と考えていただきたい。中華文明の核である中国の漢族（いわゆる中国語を母語とする民族で、中国のマジョリティ）、そして日本、沖縄、朝鮮半島、ベトナムを東アジアと考えて良いだろう。日本を除いた沖縄、朝鮮半島、ベトナムは中国と長く朝貢‐冊封の関係（中国の臣下として独立国の地位が保証されるシステム）にあった。日本は平安期にこの枠組みから離脱したが、日本の文化、社会の基礎が中華文明の輸入と再編による点は改めて述べるまでもない。現在、東南アジア地域の一員と見なされるベトナムも、二〇世紀までは中華文明を基軸に文化、社会が構成されていた。

さて、この東アジア地域において家族、親族概念の差異として顕著に現れるのは、地縁と血縁のどちらに重きを置くか、という点である。分かりやすい血縁から説明してみたい。血縁関係、とくに父‐息子‐男の孫といった、父系（男系）血縁の世代的連続をもとに親族を範疇化させる発想は、東アジア全般に広く見られる。また、この親族の範疇とは同一の父系祖先を共有している人々のグループとも言える。文化人類学では、血縁の世代的連続をもとにする親族集団を出自集団と呼び、男系の血統をさかのぼった祖先を中心にその子孫が一族を形成する場合は、その集団は父系出自集団と呼ばれる。東アジアでは、この父系出自集団を形成する地域が圧倒的に多い。

もう一つの概念である地縁と家族、親族関係の例として、日本の家について考えると分かりやすい。日本では、夫婦が異なる血統であっても、地縁的な入れ物＝家の成員とされ、社会関係の中でも家という入れ物が重視される傾向にある。

血縁と地縁に基づく家族、親族関係の双方とも、私たちはどの社会でも見いだしうるが、問題はそのどちらに軸足が置かれるかという点である。結論からいえば、日本は家という地縁的結合に家族、親族観の中心が置かれる傾向があるのに対し、他の東アジア地域では血縁による集団結合の原理が比較的優先される傾向にある、という差異がある。その例として、東アジア社会における女性と姓の問題を取り上げてみよう。

日本では、結婚後女性は改姓し夫と同じ姓を名乗るのが一般的である。しかし中国、韓国、ベトナムでは逆に、女性の姓は一生涯変わらない。私は妻とともに約一年間ベトナムでフィールドワークを行なったが、その際村の人から何度も「夫婦なのになぜ同姓なんだ」とたずねられ、返事に窮した思い出がある。

これは、姓に関する概念の根本的な違いに由来している。東アジア地域では、姓とは自らの父系（男系）祖先、その一族との関係を示す指標である。つまり、結婚していようがいまいが、姓は変わるはずはない。ある人がどの一族の人間であるかは、生まれた時点で既に決まっており、それは生涯変わるはずはない。それに対し日本では、姓は血縁の指標というより家の指標＝地縁的関係の指標としての機能が強い。したがって、女性は家という地縁的な家族の「入れ物」に編入する、という形をとり、その家のタイトル＝姓を名乗るということになる。この女性の姓の問題は、家族や親族関係において血縁／地縁のどちらを比較的重視するかを考えるうえでの好例なのである。

三　鹿児島県の謎

一般的に、日本の家族は祖父母から孫までの大人数が肩を寄せ合う家族形態から、近代化、現代化にともない核家族へと変化したという漠然としたイメージを抱いている人が多いように見える。このイメージを成立させるには、近代以前も以降も、ある時代の家族の型は全国どこでも一様であったはずだ、という前提条件が必要になる。この前提がない限り、この語りは成立するはずはない。

この点を、日本の家族形態の地域差を考える際に示唆深い名著、内藤莞爾の『末子相続の研究』（一九七三）から考えてみよう。内藤は一九六〇（昭和三五）年のセンサス（国勢調査）の結果から、鹿児島県を頂点に九州地方では核化率（核家族の占める割合）が他地域と比べ高い傾向がある点を指摘した。この年の核化率は、全国平均で六六・三%、全国の市部平均で七一・四%、全国郡部平均で五六・五%であり、東北の例として彼が挙げた山形県は五一・一%であった。それに対し福岡県は七〇・四%、長崎県は六九・四%、鹿児島県は何と七三・〇%であった。既に都市化が進んでいた福岡県は除くとして、鹿児島県の数字は抜きん出て高い。また不思議なことに、農家率（全世帯に占める農家の割合）が高ければ核化率は低くなる、という全国的な傾向に対し、鹿児島県は全国一の農家率を示していた。この矛盾する数字は何を意味しているのだろうか。

四　末子相続

鹿児島県に代表される九州の核家族化の傾向は、単なる例外、特殊要因として処理できるのであろうか。数字に表われた事実を単純に結びつけると、九州では伝統的に核家族化の傾向をもっていた、ということになってしまう。核家族化を現代化の指標と見なし、前近代／近現代、規模の大きい家／規模の小さい核家族、という対立図式、そしてそれが伝統／近現代に対応すると見なす考え方では、鹿児島県の数字はほとんど理解不能である。

そこで内藤は、核家族化と民俗慣行という、一見すると矛盾する関係に着目することで、鹿児島の核化率の高さを説明しようとした。核家族化の志向性は、近代化・現代化といった家族をめぐる外的要因からの影響の結果ではなく、土着の内部の論理に従った結果ではないか、という発想の転換を試みた訳である。そして彼は西日本、とくに瀬戸内海沿岸から九州に広く分布した「末子相続」の慣習に注目した。末子相続とは、家（家督）を長男ではなく次男以下が継承する慣習である。この相続形式は、明治期に民法起草のための全国的な予備調査をまとめた『全国民事慣例類集』にも登場する。肥前国彼杵郡（現在の長崎県西彼杵郡、東彼杵郡あたり）では「村方ニテハ長男ヲ第一ニ分家シ、末男ヲ以テ本家相続セシムル事多シ」と、肥前国高来郡（現在の長崎県北高来郡、南高来郡あたり）では「村方ニテハ長男ヲ分家シ、末男ニ本家相続セシムル事多シ」と記述されている。また内藤は、昭和初期に行なわれた佐賀、長崎の末子相続の調査にも同様の傾向が見られる点を指摘している。

そもそも、なぜ内藤は末子相続に注目したのであろうか。この慣習は、長男が結婚を契機として分家するという特徴をもつからである。結婚した男子から順次分家し、最後に家に残った男子とその妻が結果として両親と同居し扶養するこの相続形態では、二世代にわたる夫婦は基本的に同居しないか、二世代の夫婦が同居する期間は短くなる。そしてその結果、核家族化の傾向が高くなることが予想される。彼の予想どおり、鹿児島県の非長子による家の相続率は昭和三七年のデータでも四二％で、長子による相続率四三％とほぼ同率であった。ここから、鹿児島における核家族化の志向性は民俗的慣行によるという、ある意味で「大胆な」仮説が出てくるのである。核家族化は近現代化、都市化の指標となるという考え方が適用できない地域が日本にあったのである。

五　隠居慣行と姉家督

また一方で、日本民俗学で注目された隠居慣行も、内藤の仮説に適合的である（たとえば竹田 一九七〇）。隠居慣行とは、戸主が生きている間に家督権を息子に譲る慣習で、主に西日本を中心に分布しており、とくに九州はこの慣習が広く見られた。有名なテレビドラマ「水戸黄門」で、主人公の水戸光圀は家督を息子に譲り自由な身で日本全国を漫遊するが、劇中しばしば「水戸のご隠居」という言葉が出てくる。あの「隠居」である。

しかしながら日本民俗学で注目された隠居慣行は、水戸のご隠居の事例とは少々異なる。西日本では隠居という言葉が分家を意味する地域がしばしば見られるが、その中でも、主となる家屋敷（母屋）は息子夫婦に譲り、親夫婦は未婚の子どもを連れて別世帯（隠居屋）に移るという慣習が見られる。日本語で分家というと、次男以下が新たに世帯を設ける意味にとらえられるが、隠居慣行では分家するのは子ではなく親ということになる。

西日本の農山村の屋敷地には、一つの屋敷地に同じような家屋が並んで建てられている風景がしばしば見られた。これは、一方を母屋とし、他方を隠居屋として利用するためであった。この隠居慣行の特徴は、世帯を分けた母屋と隠居屋は、別居、別火、別財を原則とする点である。別の家屋に住み、かまどはそれぞれの家屋のものを使い、食事

【コラム】

喧嘩のおさめ方

日本の祭りを調査していると、参加者による喧嘩や小競り合いに出会うことがある。喧嘩をするのはたいてい「若い衆」であり、祭りの興奮と少々のアルコールが原因なのだが、私などは、この種の喧嘩を誰がおさめるのかに関心がある。なぜなら、喧嘩をおさめる人間は、喧嘩の当事者同士がともに従わねばならない相手だからである。命令には従うこと、これは権力の本質だから、喧嘩を誰がおさめるかは、調査地の社会関係のあり方と密接に関係しているといえる。

私は二度ほど、興味深い場面に出会ったことがある。一度目は、和歌山県の漁村の祭りを調査していたときのことで、若者組のメンバー同士が祭りの途中で喧嘩を始めた。このとき、仲裁役に入ったのは若者組に祭礼の指導を行う立場の村の長老だった。彼が出てくると、熱くなっていた当事者もサヤを納めるしかなかった。

二度目は東北での調査であった。このときは、喧嘩というよりちょっとした言い争いだったのだが、まあまあと割って入りその場をおさめたのは、調査地で最も有力な一族の本家のご主人さんだった。年齢が比較的若いにもかかわらず、彼が仲裁に登場するとその場はすぐに元どおりになった。

偶然かもしれないが、これはある程度両者の社会構造を反映していたといえる。日本の村落社会は、東日本が同族結合を中心に構成され、同族内の本家‐分家関係や同族の大きさがそのまま社会的威信につながるという特徴をもっている。反対に西日本では、一般に村内の年齢階梯が重要とされ、相対的に長老が社会的威信をもつという特徴をもつ。私が見た例でいえば、喧嘩をおさめたのはこの社会構造の上位に位置する人であった。権威というと少々抽象的概念に思えるが、たとえば喧嘩という事例でもこの概念が具体化する。フィールドワークでは、抽象的に思えた概念が具体化する場面に思いがけず出会うことがある。これがフィールドワークの面白さともいえるだろう。

も一緒に食べず、財産も別会計という母屋と隠居屋の関係は、同じ屋敷地内にあったとしても、まったくの別世帯として存在することになる。

この隠居慣行の分布域は、末子相続の分布域と重複する傾向がある。村では、隠居慣行と末子相続の区分は明確ではないかもしれない。両者は「二世代の夫婦は同居しない、あるいは同居期間を短縮させる」という特性を共有しているからである。両者は、この原則を実践するために出てきた、類似した異なる型ともいえるかもしれない。ここまでくれば、核家族化と近現代化を単純に等式で結ぶことができない点がより理解できるだろう。

この節の最後に、簡単に姉家督の慣習についても触れておきたい。西日本と異なり東日本、とくに東北地方は、家を一つの組織体ととらえ、村内の世帯数を抑制する傾向があった。それは、現在の日本人が想定する家概念に近似している。その点を考察する紙幅の余裕はないが、東北地方の村落では、家を維持するための労働力を早めに確保するためだろうか、第一子の女性の後に弟が生まれようとも、家督を継ぐのは第一子という慣習があった。それを日本民俗学では姉家督と呼んでいる。ここからも、前述した日本の家の特徴が見て取れるだろう。男系の血縁を優先させるという「建前」はあるが、実際には家の維持を優先的に考え、男系の血縁の連続性には固執しない。これは、後述する東アジア社会では想像できない慣習であり、日本における家＝地縁結合の強さを物語る事例といえよう。

六　東アジアの父系出自集団

この日本の家慣行と異なり、東アジアでは一般的に父系の血縁を重視する傾向が強い。日本の同族に当たる親族集団のもつ社会的・文化的位置は、日本とは比較にならないほど大きい。

東アジアの父系出自集団は、中国のマジョリティである漢族の慣習にならっている。漢族では、この父系出自集団は宗族と呼ばれる。ベトナムではゾンホ、朝鮮半島では門中《ムンジュン》、沖縄では門中《ムンチュウ》と呼ばれる。とくに宗族と朝鮮半島の門《ムン》中《ジュン》は、この父系出自集団の特性が色濃く反映されている。ここでは、大まかにその特徴を四点挙げてみたい。

第一は、その規模の大きさである。起点となる祖先の世代深度が上がれば上がるほど、その父系の子孫は当然増えることになる。それゆえ、この集団の成員であるか否かを記憶に頼ることは厳しくなり、文字により血統を記録するという手段が必要になる。同じ出自集団内の同一世代の男子成員の名に、特定の漢字を使い親族員を明確にしていく輩行字の慣習もあるが、さらに族譜と呼ばれる家系図も重要といえる。族譜に記載される親族員の数は、日本の家系図のそれと桁違いになってくる。現在韓国や台湾で出版される族譜は、百科事典ほどの厚さのものさえ登場する。また、この親族員の広がりは、当然地域を横断する形になる。たとえば日本の一族集団や本家－分家関係が、村を超えた広いネットワークを形成することは数少ない。その一方で、宗族や門中《ムンジュン》では村を横断した広いネットワークを形成することになる。

第二は、祖先祭祀の重要性である。日本では多くの場合、祖先祭祀の単位は家であるが、大規模な宗族や門中《ムンジュン》になると一族が保有する廟が作られることもある。中国や韓国において、長男がもつ文化的重要性とは、実はこの祭祀権の継承に他ならない。たとえば漢族の場合、親の財産は男子の兄弟間で均分相続されたが、長男には祖先の祭祀権が継承される。この祭祀権は男子のみに継承されるため、男の子供がいないというのは祖先祭祀のうえできわめて不都合な状況となってしまう。

第三は、この出自集団が婚姻規制の単位となる点である。同姓不婚、つまり同姓の男女は同じ親族集団員である可能性があるので、婚姻を回避するという慣習がこれに当たる。現在の中国や韓国では、現代化により徐々にこの婚姻規制が弱まってきたといわれるが、村落部ではいまだ根深いともいわれている。

写真 1-1　東南アジア華人の祀堂（マレーシア）

第四は、この親族集団がいわば「法人」のような組織となり、財産所有の単位になる点である。祖先を祭祀する廟はこの親族集団が所有し、その維持管理のために族田といった土地も用意されていた。清代の中国では、族田として農地が集積され、その所有者である宗族が寄生地主化するほどであった。

以上が、宗族や門中《ムンジュン》に見られる基本的性格である。その他、儒教倫理の強い影響下に構成される、養子縁組は同じ親族集団内で行なわれるといった特徴もある。

この種の父系出自集団は、しばしば東アジアの「伝統的」親族集団の特徴として語られる。だが、ここでも先の日本と同じ議論をすることが可能だろう。その視座で東アジアの父系出自集団を見るとどうなるだろうか。

東アジア全般に見られる父系出自集団は、地域を横断したネットワークを形成するという特徴から、地方の農民から都市のサラリーマンまで、多様な人々から構成されることになる。だが、この親族集団を形成する人々に共通する特徴はないのだろうか。

七　階層と親族集団

この親族集団の形成の特徴は、社会内部の階層、とくに社会階層の上位に属する人々と深く関係する点だろう。この階層と親族集団について、朝鮮半島（韓国）の例を考えてみよう。韓国の父系出自集団である門中《ムンジュン》は、両班《ヤンバン》と呼ばれた士族層と関係するといわれる。そして門中《ムンジュン》の族譜は自らが王朝、または王朝の高級官吏の子孫であることを示す紳士録のような機能をもっている。

留意すべきは、このことは、韓国では上位階層以外の人々の間には父系出自的な観念が元々存在しなかった、ということを意味する訳ではない点である。大規模な父系出自集団の組織化、祖先祭祀の執行、族譜の編纂などの要素を満たすのが門中《ムンジュン》であり、門中《ムンジュン》という名称で示された一族集団は社会階層と関連したという点なのである。しかし興味深いことに、現在、韓国の人々の多くが、どこかの門中《ムンジュン》に属しているという事態が生じている。両班は李氏朝鮮の初期には人口の数%しかいなかったと考えられるのに、現在では大多数の国民が族譜をもち、両班の系譜をひいていることになっている。理論上あり得ないこの矛盾はどう説明できるのだろうか。

李氏朝鮮の身分制の中で最上位に位置づけられていた両班であるが、ある人間が両班であるか否かの基準は相対的であったらしい。日本の士族の場合、少なくとも江戸期には、士族以外の人間が勝手に帯刀し武家を名乗ることなど不可能であった。だが両班の場合、他者からの評価という相対的基準が重要であったので、自らを両班と名乗ったり、両班の家柄を買うことで、両班になることが可能となっていった。李氏朝鮮の末期には、村の大半が両班という村も出現した（宮島 一九九五参照）。この増加傾向は、朝鮮半島が日本の植民地支配から脱した一九四五年以降も続き、現在に至っている。特定の階層の慣習であった親族集団の原理が、階層間に伝播し国民の文化として一般化したといえるのである。

八　父系の論理と土着の論理

東アジアの父系出自集団は、始祖となる男性から世代を下るに従って、扇のようにその範囲が広がることになる。しかし、私たちが普通親類と考える人々の中には、母の兄弟とその子孫、祖母の兄弟とその子孫といった人々も当然含まれてくる。父の男系の祖先をさかのぼるという父系出自の原則でいえば、それら女性を介した親類はこの出自集団の成員とはならない。だが、もしこの父系出自の論理を導入した地が、女性を介した親族のネットワークを土着の概念としてもっていたらどうなるだろうか。この種の興味深い事例がベトナムなのである。

　ベトナムのマジョリティであるキン族（いわゆるベトナム人）は、一〇世紀に中国から独立したが、一方で中国との朝貢－冊封関係は維持し、中国の文明を摂取し消化しながら自らの社会を発展させるという方向性をとってきた。この国家の方向性は、親族集団の型にも反映された。キン族では、宗族や門中《ムンジュン》に当たるゾンホという親族組織を発達させた。だが、形式的には中国的な親族組織を有するのだが、キン族には漢族とは決定的に異なる土着の慣習があった。それは、女性が親の財産を継承する権利を有していた、という点である。

　漢族の場合、女性には親の財産を継承する権利がなかった。したがってキン族のこの慣習は、キン族の土着のルールであった可能性が高い。ここで興味深いのは、キン族は漢族の親族集団の原則を受容しながら、同時にこの土着のルール（女性の財産権）も維持したという点である。だが、父系出自（父→子）に従って財産を継承させる原則から外れたこのルールを残したことで、漢族の慣習をそのまま適用できない領域が生じた。その一つが族譜である。

　ベトナムの族譜を分析した末成（一九九五）は、始祖から世代が下がる形で記述される東アジアの通常の族譜に対し、キン族の族譜には、しばしば族譜の作成者から始祖へと世代が上がる記述が見られる点、母の一族とか祖母の一

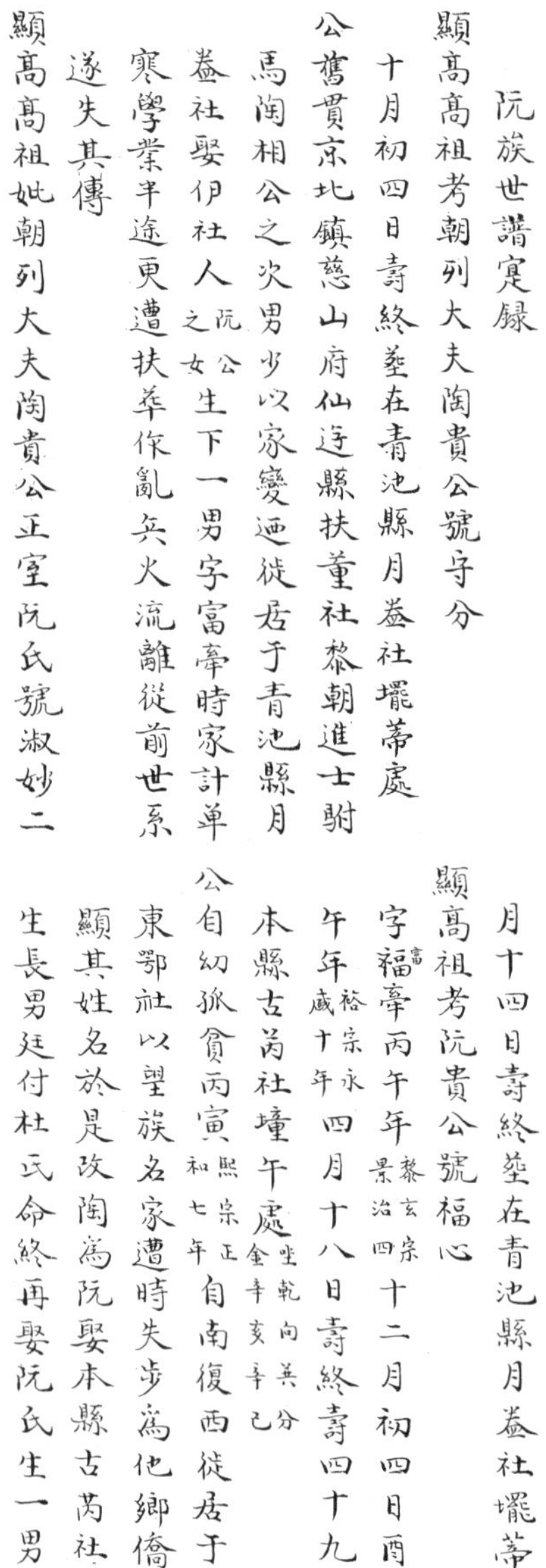
阮族世譜寔録
顯高高祖考朝列大夫陶貴公號守分
十月初四日壽終塋在青池縣月盎社壩蒂處
公舊貫京北鎮慈山府仙遊縣扶董社黎朝進士駙
馬陶相公之次男少以家變遷徙居于青池縣月
盎社娶伊社人阮公之女生下一男字富嶺時家計单
寒學業半途更遭扶莽作亂兵火流離從前世系
遂失其傳
顯高高祖妣朝列大夫陶貴公正室阮氏號淑妙二
月十四日壽終塋在青池縣月盎社壩蒂處
顯高祖考阮貴公號福心
字福富嶺丙午年黎玄宗景治四十二月初四日酉時生甲
午年裕宗永盛十年四月十八日壽終壽四十九歲塋在
本縣古嶌社壇午處坐乾向巽分金辛亥辛巳
公自幼孤貧丙寅熙宗正和七年自南復西徙居于慈廉縣
東鄂社以望族名家遭時失步為他鄉僑客不欲
顯其姓名於是改陶為阮娶本縣古嶌社杜公之女人
生長男廷付杜氏命終再娶阮氏生一男廷權郎哉

写真1-2　キン族の族譜

族といった傍系の親族の記述が多く見られる点を指摘している。これは、女性が財産の継承権を有し、そのような女性を介した傍系親族が親族関係において重要である点を示す例だと思われる。キン族の場合、土着の親族の観念を残した結果、族譜の記述の方向が逆になるという現象を生み出した訳である。

九　宗族形成の「必要性」

朝鮮半島、ベトナムと話は続いたが、事例の最後として東アジアの父系出自集団の本家本元、中国の漢族の宗族について考えてみよう。朝鮮半島の事例は、この種の親族集団の形成に社会階層が密接に関連することを示していた。では漢族の場合はどうだろうか。

中国において、始祖の嫡系の子孫が祖先祭祀を通じて同族を統合する、という考えが強くなるのは宋代だといわれ、この背景には科挙官僚制度の確立があるという。清代までの中国を象徴する政治システムであり、朝鮮半島、ベトナムにも取り入れられた科挙制とは、儒教的知識に関する試験に合格した者が官僚となる制度で、合格者は絶大な権力を生涯手に入れることができた。だが、そこで得た政治的権力はあくまで一代限りのものに過ぎない。ある地域で絶大な権力を振るった官僚、およびその親族があったとしても、その後にその親族から新たな科挙試験合格者が出ない限り、その末裔は先細るだけである。そこで編み出された戦略が、集団としての一族を再編成し、その有能な子弟に教育という投資を行ない恒常的に科挙試験の合格者を出すことで、その一族の政治経済的力を維持する、というものであった。その結果が、現在でいう宗族の誕生につながるのである。

もちろん、この戦略はどの宗族にも有効に機能した訳ではないようだが、科挙試験という、現在の大学入試とは比較にならないほど厳しい試験に突破する人材を養成するには、実子やいとこを五人、十人程度揃えただけでは心もとない。より大きな範囲に網をかけ、その中から選りすぐりの人材を集め、そこに教育という投資を行なっても、合格者を出せば十分な見返り＝一族の繁栄が見込めるのである（以上、井上二〇〇〇参照）。

漢族の場合もこのように、父系出自集団の形成は階層と密接に関係していた訳である。家族や親族の重要な機能の一つとして、子供の教育があるといわれるが、宗族の形成ではこの関係が逆転している点が興味深い。家族や親族に関係する集団は、何か自然発生的で、政治とか権力とは無縁の素朴な集団ととらえられがちだが、宗族の形成とその発展とは、一族の命運を賭けた教育投資というきわめて政治経済的な側面を反映しているのである。

一〇　国民・国民国家・国民文化

前節の宗族の形成に関し、井上（二〇〇〇）は、宗族が現在のように漢族にとって不可欠な社会文化的存在となったのは、むしろ歴史過程における宗族の変質を意味すると述べつつ、同時に宗族の原理が広く適用され、組織の肥大化が進むのが近代である点を指摘している。同様な指摘は、朝鮮半島や沖縄にも当てはまるだろう。では、この近代という時代の特徴は何なのだろうか。

政治学者のベネディクト・アンダーソン（一九九七）は、近代の最大の発明の一つが国民という概念であり、特定の家系や階層の人間ではなく国民が国家の主体者となる国民国家こそが近代の特徴であると述べている。そのような国家において国民は、共通の言語を使用し、共通の価値や規範をもち、共通の文化をもつ存在として想像され、実際に国家は、そのような国民を再生産するシステムを作り上げていくとも指摘している。

東アジアの父系出自集団が、各階層に一般化し定着する時期が近代であるという点は、意識的か無意識的かはわからないが、近代に直面した国家・民族が、自らのアイデンティティの拠り所となるような慣習を再編成し、「伝統」として大衆化させたことを意味するといえるだろう。近代を鏡として再編成した自己イメージが、一見すると「原初的」にも思える親族という領域だった、というのは非常に示唆的に私には思えるのである。

二　伝統は通時的概念ではない

再び日本の事例に戻りながら、冒頭に提起した問題について考えてみたい。歴史学者でもない私が、苦労しながら歴史学者の研究を多く紹介したのは、私たちが当たり前に「伝統的」と見なす社会文化的要素は、歴史という通時的過程とは別の位相に位置づけられるものだからである。ただ、日本の家概念や、東アジアの父系出自集団が仮構のものだと述べている訳ではない点にも留意していただきたい。それらは only one ではなく one of them であると述べているだけである。

最後にまた、内藤（一九七三）の著作に戻ってみよう。彼が引用した、昭和初期の末子相続に関するアンケート調査の回答文の一つは、土着と近代がどのような関係にあるのかを考える好例に思える。現在の佐世保市内にあたる早岐町からの回答文には、当地方では長男が結婚すると分家し次三男が家を継ぐのが風習だが、民法・戸籍法が施行されて以来、戸籍上の手続きに束縛されるので、戸籍上は長男が家を継いだようにしているが、実際の生活場面では次三男が家を継ぐことが多いです、と書かれている。

このような形で、近代は一〇〇年以上前に人々の生活におおいかぶさってきた訳であるが、民俗社会の人々は、戸籍と実際の生活場面を使い分けることでそれに対応した。私たちが文化研究という領域で知るべきは、近代に適合的になるにせよ、その逆をいくにせよ、その場面場面で人々がどのような知識を使い、どう生きようとするのかという彼らの方法論である。そのダイナミックな側面が文化であり、それは決して固定的で平板な「伝統」ではないということを改めて認識していただきたい。

【もっとくわしく知りたい人のための文献案内】

吉原和男・鈴木正崇・末成道男編　二〇〇〇『〈血縁〉の再構築―東アジアにおける父系出自と同姓結合』風響社
本章であげた東アジア地域の家族、親族について、九つの論文とコメント、総合討論などがある。やや専門的だが、東アジアの家族・親族を理解し、近年の研究業績を知る上で非常に有益な論文集である。

M・フリードマン（末成道男、西澤治彦、小熊誠訳）一九九一『東南中国の宗族組織』弘文堂
文化人類学における東アジア出自集団論の古典的名著。東アジアの文化人類学的研究史を理解するうえでの必読書といえる。

ベネディクト・アンダーソン（白石さや、白石隆訳）一九九七『想像の共同体―ナショナリズムの起源と流行』（増補版）NTT出版
ベネディクト・アンダーソンは政治学者であるが、本書は文化人類学にとっての必読書、古典ともいえる。近代という時代を理解する名著である。

宮嶋博史　一九九五『両班（ヤンバン）―李朝社会の特権階層』中公新書
東アジアにおける歴史と文化を考える上での好著。本章でとり上げた両班の歴史研究を簡潔に提示している。

二章　「男」であるということ――韓国のジェンダー、セクシュアリティ

ANTHROPOLOGY: FROM ASIAN POINT OF VIEW

佐々木　正徳

【キーワード】
ジェンダー、セクシュアリティ、セクシュアルマイノリティ、権力、男の連帯

一　文化人類学とジェンダー研究

（一）ジェンダーとセクシュアリティ

ジェンダーという用語は、生物学的な性差を意味するセックスという用語に対する、社会的・文化的な性差を意味する用語として人口に膾炙《かいしゃ》しているように思われる。この比較的分かりやすい定義がジェンダーという用語の普及に一役買ってきたことは確かであり、その意味でこの定義の果たした役割は大きかったといえよう。しかし、ジェンダー概念はその後さまざまな研究領域で検討が重ねられ、現在では簡単に定義することが難しくなってきている。現在のジェンダー概念はさしずめ「個々人のその場その場の状況に応じて不断に構築されていくもの」とでもいえるだろうか。この定義は残念ながら非常に分かりづらいが、逆に言うとそう定義せざるを得ないほど、人々の性に関する事象が複雑であるということが分かってきたということでもある。

対して、セクシュアリティという用語はまだそれほど認知されていないようである。セクシュアリティを端的に定義するなら、「性にかかわる欲望と観念の集合」（上野　二〇〇二）である。具体的には、性的欲求を感じる対象が同性なのか異性なのか両性なのか、性的欲求を感じる身体部位が性器なのか他の部位なのか、といったことである。

現代社会は「自身を男性だと認識し、女性が性的対象で、男性器を有している存在」と、「自身を女性だと認識し、男性が性的対象で、女性器を有している存在」が多数派であり、そうではない少数派、たとえば同性愛者（性自認と性的対象が同一である存在）やトランスジェンダー（身体的な性と性自認が異なる存在）は、セクシュアルマイノリティと呼ばれている。そして、セクシュアルマイノリティよりは多数派の男女が、多数派の女性よりは多数派の男性がより強い権力を有していて、多数派の男性の中でもごく一部の特権的な男性がもっとも強い権力を有しているのが近代化された社会の特徴である。

（二）文化人類学におけるジェンダー研究

文化人類学の領域におけるジェンダー研究は、フェミニズムの第二派が世界を席巻した後、一九七〇年代に入ってから本格化し、大きく二つの流れの中で展開する。一つは、過去の民族誌を再読して女性の視点を掘り起こす流れであり、もう一つは、男性支配の起源を探求する流れである。前者は、過去の民族誌を批判的に読み直すことを通して、それらがいかに男性中心主義的な視点で描かれたものであったかを明らかにするとともに、女性の視点を導入した民族誌を記述することの必要性と重要性を訴えることに貢献した。

後者は必ずしも十分な成果を挙げられたわけではないが、世界各地の事例から、相対的に男女が平等な社会や男と女以外の「第三の性」が存在する社会を示すことで、西欧的価値観を前提として対象をとらえることへの批判を投げかけることとなった（ギルモア 一九九四、上野 一九八六、宇田川 二〇〇三）。

その後、社会構築主義が導入されることで、ジェンダー研究の視座も大きく変容した。近年のジェンダー研究は、ジェンダーを当該社会に普遍的なものではなく状況や文脈に応じて構築される可変的なものとみなし、権力をもつ存在ともたない存在との関係性に注目するものが多い。

(三)「男(という)性」に注目するということ

読者の中には「ジェンダーといえば女性の問題」と考えている方もいらっしゃるのではないだろうか。果たしてそうした実感はどこからきているのか。自身の中に潜む前提と向き合い、常識と考えていることをいったん括弧に括って、それが本当に「世界の常識」といえるのかを調べてみることは、文化人類学の重要な視点である。

実際、周囲を観察してみると、ジェンダーに関する問題が女性に限ったものではない、むしろ男性も非常に深く関わっている問題であるということがよく分かってくるはずである。たとえば、男女差別の問題は差別する側(多くの場合男性)と差別される側の双方の関係で成り立っており、解決のためには差別する側の意識変革が不可欠である。ゆえに、ジェンダー問題を考えるためには、男性に焦点を当てることも必須の作業なのである。そこで、本章ではこれまであまり注目されてこなかった男性のジェンダーという観点から、韓国社会を読み解いて行くことにする。

一 韓国のジェンダー

(一) 韓国に存在する「第三の性」——長男は大変だ?

「韓国には三つの性がある」と冗談でいわれることがある。いわく「男性《ナムジャ》」「女性《ヨジャ》」「おばさん《アジュンマ》」である。確かに韓国の街中を歩いていると、「おばさんパーマ」をかけた独特の雰囲気をもった中年女性たちに出会う。彼女らは「厚顔無恥」の「図々しい」存在として描かれることが多い。もちろん中年女性がすべてこのようなスタイルでいるわけではない。にもかかわらず語られるこうした単純な類型化は、単なる笑い話にも聞こえるが、うがった見方をすれば、中年女性という存在を戯画化して年を取った女性を貶める(女性は若ければこそ価値があるという)言説とみることもできる。

また、韓国社会に少し深く接してみると、もう一つ「第三の性」があることに気付く。それは「長男《チャンナム》」である。先のアジュンマが容姿やスタイル、行動様式としての第三の性であるとするなら、長男の場合は役割としての第三の性である。

長男に特有の役割のうち、もっとも大きな役割は祖先祭祀《チェサ》であろう。チェサは、四世代前までの祖先の命日に合わせて行なわれるもの、秋夕《チュソク》という日本のお盆にあたる名節や新年など年に三〜五回決まった時期に主に本家で行なわれるもの、陰暦一〇月または三月に五世代以上前の祖先に対して墓地で行なわれるものがある。チェサでは酒と供物が用意され、祭られる対象となる人物の近親や子孫が大勢集まる。この儀礼を取り仕切るのが長男に期待されている役割である。チェサをすべて行なおうとするとおよそ一ヶ月に一回の頻度で実施されることとなり、金銭的にも時間的にも大きな負担となる。したがって最近では、内容の簡素化を図ったり回数を減らしたりといった例も出てきているが、チェサが依然として韓国社会の中で大きな位置を占める儀礼であることには変わりない。

チェサを取り仕切ることは長男に期待されている役割であり、親族もそれを期待している。しかし、チェサの中でも大きな位置を占める豪勢な供物を準備するのは「長男の嫁」の役割である。親戚の女性や長男の実母が手伝うことはあるが、長男自身が手伝うことはない。儀礼を取り仕切るのは長男に期待されている役割であるが、供物を準備するという目立たないが必要不可欠な役割は、長男ではなく長男の嫁に期待されているのである。

もう一つ、長男に期待されている役割に両親の介護と同居への期待がある。しかし、この場合も実際に老親の介護を期待されているのは長男の嫁である。結局、長男特有の役割に見えるものも、実際にそれを支えているのは長男の嫁となった女性なのである。ここには明らかに男性優位・女性劣位の権力関係がみてとれる。そのせいか、韓国では長男との結婚を極端に嫌がる女性が多い。

(二) 徴兵制

韓国の男性と女性を決定的に分かつもの、それが軍隊経験の有無である。兵役は一九歳以上の男性に課せられている国民の義務であり、健康な男性であれば現役兵としておよそ二年間の兵役を三〇歳までに経験する。韓国社会に長く暮らしていると兵役を終えたばかりの男性に対して「これで一人前の男になったね」と呼びかけるシーンに何度か遭遇する。男性自身にとっても、海外旅行が容易になる、就職試験の際に暗黙の前提とされる場合があるなど、兵役を経験することの社会的利点は少なくない。

写真 2-1, 2　父親フェスティバルの様子

現役兵として徴収されると、徴兵期間中は部隊内で男性集団による隔離された集団生活を送ることになる。構成員の大部分は二〇代の男性であり、ゆえに個人のアイデンティティに与える影響も大きい。現代における通過儀礼と言われる所以である。

ところで、徴兵制は義務といっても服務形態は多様である。陸軍・海軍・空軍・海兵隊の他に、大学に在学しながら軍事訓練所で訓練を行ない、卒業と同時に少尉として任官させるＲＯＴＣ（Reserve Officers Training Corps）、在韓米軍組織に配属され通訳などの任務にあたるＫＡＴＵＳＡ（Korean Augmentation to the United States Army）などが現役服務として存在し、部隊によって服務内容や危険度は大きく異なる。また、疾病や身体能力から現役の任務に耐えられないと判断された男性は、地方の官公署などに勤める公益勤務要員となる。公益勤務要員は通常自宅から通うことになり、現役兵とはその経験が大きく異なる。一般的に公益勤務は服務内容が軽いため、人々から差別的な視線を受けることも少なくない。

韓国社会の男性は大部分が二〇代の一時期兵役を経験するという点で共通しているが、その経験の内容は個人によって差が大きい。韓国社会における軍隊の影響は否定しがたいが、その影響はすべての男性に共通する一面的なものではなく、男性個々人によって多様であるということに注意しなくてはならない。

（三）父親運動

一九九〇年代から韓国ではいくつかの父親運動団体が誕生し、活動を行なっている。筆者が参与観察を行なった団体では、これまでの「権威的」で「家父長的」な「男性優位」の父親像・価値観を打破し、新たな父親像を築くことを大きな目標としていた。具体的な活動は、育児・家事に積極的にかかわる、家庭生活を相応に負担できるように社会制度の改変をはたらきかける、男女差別および男児選好の温存の原因となっている戸主制の廃止をはたらきかける、などである。

会員は、理想の父親像の模索という共通の目標をもって活動しているが、自分の家族のよりよいあり方を追求することを重視する会員が存在する一方で、社会に存在する男女差別を解消することこそが将来的な幸福につながるとして社会運動的な側面を重視する会員も存在するなど、活動内容の比重の置き方は多様である。つまり、新たな父親像

【コラム】

徴兵制は男女不平等?

韓国では長く徴兵制の是非についての論争が沸き起こることはなかった。しかし、冷戦体制の崩壊、急激な経済成長、北朝鮮との関係の変化などから、二〇〇〇年以降、徐々に議論されるようになってきている。そのなかの一つに、女性も兵役の義務を果たすべきだという主張がある。いわく、「男性だけが辛く苦しい兵役の義務につくのはおかしい」「国防の義務なのだから女性も果たすべき」というものである。こうした意見が登場した背景には、兵役経験者に公務員試験などの際に無条件で点数が加算されていた制度などが、女性を中心とした反対運動によって廃止されるようになってきたということもあろう。一方的に辛いうえに既得権まで奪われては…という男性側のぼやきが聞こえてきそうであるが、国民の義務を果たすのは当然で、その結果を兵役とは異なる領域での利益につなげるのは不当だという主張も理解できる。

ところで、国民皆兵の主張は徴兵制を是とする男性からも、必ずしも支持されているわけではない。主な理由は「軍隊は男性にこそ適した組織であり女性には相応しくない」「男性の中にすら公益勤務に配属される者がいるのに、女性が訓練に耐えられるのか」といったものである。

前者は、現実的な特性というよりは、男性のみの集団に女性が入り込んで欲しくないという女性排除と男性間の連帯意識が働いているものと思われる。事実、兵役時の話は初対面の男性同士が一気に親しくなる話題であり、女性を排除する典型的な言説である。

後者も、男女の身体的な性差を問題にしているように見えるがそれだけではない。体力や資質は性差よりも個体差がより決定的に重要であり、兵役に耐えられる女性が一定数存在することは確実である。そして、実はこの現実が女性の兵役を男性が拒否する隠れた理由である。

軍隊生活の真相は多くの女性にとって藪の中である。つまり、実際には勇壮とはほど遠い、厳しい訓練から逃げまどった情けない経験しかなかったとしても、女性はその事実を知ることはない。ゆえに、厳しい訓練を乗り越えてきたのだという振る舞いをすることで、男性は女性に対する優位性を保つことができているのである。しかし、女性も兵役を経験することになってしまったら、こうした「情けない」男性たちの立場はどうなってしまうのだろうか？　また、公益勤務の男性たちは社会的にますます肩身の狭い思いをすることになりはしないだろうか。

どうやら男の沽券《こけん》を前にしては、国防の問題も大事の前の小事のようである。

の追求という大目標は共通しているが、その追求の方策は会員によって異なるということである。ここに、個々の多様性を保障しながら緩やかな連帯を保ち続けていく、旧来の「一致団結」「一枚岩」とは異なった、現代的な運動のあり方を垣間見ることができる。

(四) 戸主制の廃止

女性運動や父親運動の影響もあってか、二〇〇五年二月、戸主制は憲法裁判所から違憲判決が出され、三月に民法改正案が国会を通過、二〇〇八年の一月一日から戸主制の廃止と新たな身分登録制度が実施されることが決定した。

改正案では戸主制廃止の他、同姓同本婚禁止規定の廃止、女性の六ヶ月間の再婚禁止規定の廃止、子どもが母方の姓を名乗ることができる規定、一五歳未満の養子を受け入れる場合、戸籍に「親生児」と記載して法律上の実子とまったく同等の権利を行使できるようにする親養子制度などが含まれている。

戸主制の是非の議論は長く、違憲判決がなされた当時も廃止派と維持派で激しい議論が交わされていた。廃止派の論調は、戸主制が女性差別の構造を制度的に維持するものであるからというのが中心であったが、中には「日本の植民地期の残滓であるから」という本筋とずれた主張をする人たちも少数であるが存在した。維持派の論調は、戸主制が「古くから続く伝統」であり「廃止は家族制度の根幹を脅かし、家族の紐帯を失わせ、社会の混乱を招く」というものが中心であった。こうした論争から分かるように、戸主制廃止論争は男女の関係性にかかわる問題だけでなく、伝統とは何かといった歴史認識にかかわる問題や政治的な問題など、さまざまな要素が絡み合って複雑に展開されていたのである。

論争中にもかかわらず決定した戸主制廃止が社会に与える影響は、移行期間である現時点（二〇〇七年一〇月）では分からない。しかし、選択的夫婦別姓すら実現されない日本から見ると、議論が錯綜する中でも新たな試みに踏み出す韓国社会の変化の早さと柔軟さは驚きと羨望の対象であるとともに、二〇〇八年以降の状況は、今後の日本の戸籍制度を巡る議論のうえで大きな参考となるであろう。

三　韓国のセクシュアリティ

セクシュアリティを論ずるには、その社会のセクシュアルマイノリティに注目するのが有用な方法である。しかし、セクシュアルマイノリティといってもその存在は多様であり、一つのまとまりとして述べることは困難である。よって本稿では同性愛者とトランスジェンダーの例を取り上げ、この問題について考えていくことにする。

(一) セクシュアルマイノリティへの拒否感

韓国でセクシュアルマイノリティが可視化されるようになってきたのは二〇〇〇年代に入ってからであり、まだ人々に広く理解されているとは言い難い。そのせいか、韓国ではセクシュアルマイノリティへの拒否感が強いだけでなく、その存在自体への否定的意識も強い。筆者が女性運動に協力的な男性などに同性愛者やトランスジェンダーに対するイメージについて聞き取り調査を実施したところ、思いの外否定的な反応を示す人たちが多かった。「何かの間違い」「気持ち悪い」「かわいそう」「(自分とはあまりにも異なる存在であるが) 理解しなくてはなりませんね」。これらは筆者が調査を進める中で実際に出会った表現である。

女性の社会参画に積極的な男性たちがなぜセクシュアルマイノリティについては否定的なのだろうか。そこにはカテゴリーの混乱がある。たとえば、「同性」愛者は性のカテゴリーは自分たちと同じ「男性」である。しかし、セクシュアリティの違いは両者を明確に分かち、「同じ男だから分かり合える」という性に基づく連帯意識を攪乱させる。また、トランスジェンダーのように自身の性を変えたくなるほどのストレスを感じることは、多くの男性たちにとっては理解することが難しいであろう。

他に、宗教上の理由から同性愛者に否定的な見解を示す人たちも一部存在する。「同性でありながらも異質な他者」にはたらく排他的な意識。このことは、セクシュアリティが人びとの関係において無意識に、けれども非常に重視されているということを示している。

(二) 同性愛者団体の活動

同性愛者への社会的抑圧が強い韓国社会であるが、同性愛者の人権の向上を目的としたウェブサイト (URL http://www.chingusai.net/) が存在する。サイト名の「チングサイ」とは日本語で「親友関係」という意味であり、人権啓蒙運動の他に、同性愛者間の情報交換、交流といったコミュニティとしての側面も担っている。

また、月刊誌『キル (韓国語で「道」を意味する名詞)』では、一九九四年の七月号で韓国の同性愛者の特集を組んで、彼らの抑圧された状況を紹介しており、該当記事は日本語でも読むことができる（仁科・舘野編 一九九五）。雑誌の刊行から一〇数年が経過した現在、同性愛者の認知度は徐々に高まってきてはいるが、彼らが抑圧的な視線、好奇な目にさらされているということは基本的に変わっていない。

（三）同性愛者に対する認識

「国内初の同性愛者公開結婚式」。これは、韓国の新聞『中央日報』ウェブ版の二〇〇四年三月七日に掲載された記事の見出しである。結婚は教会の正式な手順に従って行なわれたとあり、指輪交換のシーンと、抱擁しながらキスしているシーンの写真が掲載されている。韓国では同性間の婚姻は認められていないので、彼らは法的な婚姻関係を結ぶことはできないが、式は正式なものであり、二人と彼らをとりまく人々の意識のうえでは、二人は間違いなく「結婚」している。彼らの行動や「チングサイ」の活動は、韓国社会にどのような影響を与えていくのであろうか。

ここで、少し異なる視点からこの問題について考えてみよう。果たして韓国社会において同性愛は例外的な出来事なのか、というそもそもの前提を疑う試みである。「硬派な男社会」の代表である軍隊では、同性愛者が異性愛者と同じ部隊で同様の勤務を行なうことには職務運営上の支障が大きいとして、入隊後に同性愛者と判明した場合には転役措置がなされる。国防部令五九〇号では、同性愛者を「性主体性障害」「性的選好障害」と健常者とは異なる存在として規定しており、転役措置は同性愛者への配慮というよりは軍隊文化から異質性を排除し組織の規律を維持するという、むしろ異端排除的な考え方に立脚しているようである。しかしこの事実は、何らかの対策が必要なほど同性愛者の存在が可視化されつつあるということを示す事例でもある。

（四）軍隊における性暴力

二〇〇四年四月八日『中央日報』ウェブ版では、義務兵役中に先輩兵等から性暴力を受けた割合が一五・四％、性暴力の目撃経験が二四・七％に上ることが報じられた。また、軍隊での性的虐待の様子を写した画像がネット上に流出したこともある。

性暴力は、必ずしも同性愛者によってなされるものではない。先にも述べたように軍隊では職務運営上の支障が大きいとして同性愛者を排除していながら、一方では古参兵による新兵への性暴力が存在しているのである。彼らの性暴力は自身の性的志向性に基づいてなされるというよりは（もっとも、そうした意識がまったくないわけでもないだろうが）、いじめ、しごきの延長で被害者の羞恥心と劣等意識を増幅させるために、性的なニュアンスを含む行為をしていると考えられる。軍隊での性暴力は、加害者の性的志向の如何を問わず、被害者を性的に貶めることで、優位劣位の関係を確定させる機能を果たしているのである。

（五）ハリスの結婚

最後に、韓国のセクシュアリティを語るうえで欠かすことのできない人物を紹介しよう。

二〇〇七年五月、新聞各紙の芸能欄に「ハリスがラッパーのミッキー・ジョンと結婚」という記事が掲載された。これだけを見ると何の変哲もなく、読者によっては「単なる芸能人の結婚ニュースか…」程度で見過ごされてしまうかもしれない。

しかし、続いて記事は語る。「トランスジェンダー芸能人として成功し結婚まで実現した初めてのスターになった」と。そう、ハリスは性同一性障害として認定され男性から女性への性転換を行なったタレントとして、韓国では有名なのである。

ハリスはデビュー当初から韓国社会でさまざまな物議を醸し出してきた。肯定的なものから否定的なものまで、中には存在自体を否定するようなものまであった。そうしたタレントが晴れて「男性」と結婚することになったわけである。この出来事が、世の中に隠れて存在するセクシュアルマイノリティに勇気を与える出来事であったことは間違いない。

しかし、これをもって韓国社会がセクシュアルマイノリティに寛容であると判断するのは早計である。多くの韓国人にとってハリスの結婚は「信じられない」「何か問題のある人々によって行なわれている」出来事であることには変わりない。むしろ、稀少な例であるからこそメディアで取り上げられ話題になるのである。ハリスの例は本人も相手も芸能人という比較的自由な思想が歓迎される業界での出来事であり、周囲の協力も得られやすく発表にともなうバッシングを軽減できるという側面があったことは見落としてはならない。

ともあれ、トランスジェンダーという存在が知られるようになってからいくらも経たないうちにこうした事例が出てくることは、韓国社会の変化の早さと柔軟さを示す好例ともいえよう。

四　日本のジェンダー、セクシュアリティ―韓国との比較から

（一）　韓国と日本、似てる？・似てない？

ここまで韓国のジェンダーとセクシュアリティについて男性に焦点をあてて紹介してきたが、日本のそれらと比べて「似ている」と思った方もいれば、「似ていない」と思った方もいらっしゃると思う。実はこの、「日韓は似ている」「似て非なる文化である」という両極端な論調の併存は今に始まったことではない。それゆえ、果たしてどちらが「真実の」隣国像であるのか混乱をきたしている読者もいるのではないだろうか。筆者にとってはこれら二つの立場はどちらも正しいと同時にどちらも正確ではない。つまり、韓国は欧米と比べれば相対的に日本と文化的卑近性を有しているだろうが、具体的な事例については「似ているところもあれば異なるところもある関係」なのである。「なぁ～んだ、そんなの当たり前じゃん」と思ってがっかりする読者もいるかもしれない。しかし、地理的な近さに惑わされて、この「当たり前」の認識をこれまで有することが難しかったのが、日韓関係の特徴だったのではないだろうか。

当たり前の認識をもって日韓を比較することで見えてくるものは何か。それは、双方の文化の特異性である。一つの地域を見ているだけでは気付かなかったことが、実はその地域に特有の現象であることが分かり、その地域の文

化を語るのに有用な情報となることがある。自文化というものもよく知っているようでいて、当たり前すぎて盲点になっている部分は少なくない。自文化の特異性を発見するという点も、比較の大切な意義の一つである。また、特異性の発見は、バランスのとれた隣国観の形成にもつながってこよう。

(二) 日韓のジェンダーとセクシュアリティ

男性運動は韓国では父親運動や保守的な運動が多く見られるのに対して、日本の場合は女性運動に近い立場の人たちの運動が多様に見られる。日本の男性運動は「メンズリブ」と称されており、主として八〇年代の後半から大阪のメンズセンターなどが中心となって継続的な活動を続けてきている。日本のメンズリブは新たな段階に入ったととらえる向きもあり（多賀　二〇〇六）、今後も両国の男性の様相を知るうえで貴重な事例になると思われる。

セクシュアルマイノリティについては、一見、日本が寛容で韓国が非寛容な印象を受けるかもしれない。しかし、日本の場合も、芸能人や芸術家など特定の職業に従事している人で、かつその人のイメージに合致するのであればカミングアウトしやすい状況になってはいるが、一般の人がカミングアウトするにはまだまだ抵抗感が大きい。また芸能人がセクシュアルマイノリティであることには寛大な人たちも、自身の身内や親友がセクシュアルマイノリティであることには拒否感を示すことも少なくない。また、同性愛者団体の運動が一般全国紙で報道されることも現在では稀であるし、同性間の結婚式が行なわれたという話も聞かない。その意味で、日本でもセクシュアルマイノリティが社会的に認知されているとはいまだ言い難い。日韓どちらがより寛容かというよりも、受容の仕方が異なると解釈した方がより適切なように思う。

皆さんの場合はどうであろうか？　身内にカミングアウトされたら自然に受け入れられるだろうか？　あるいはセクシュアルマイノリティの皆さんは、家族、親友、同僚にカミングアウトできるだろうか。自らが直面する現実問題となったときにようやく、ジェンダーやセクシュアリティの問題の根深さは明らかになるのである。

五　まとめ

男女問題についての語りは、基本的に性別を維持する言説である。それに対して、セクシュアルマイノリティについて語ることは、既成の性別の枠組みを解体することにつながる。ゆえに、これまでジェンダーやセクシュアリティに葛藤を感じずにきた人々にとって、前者は自身のアイデンティティを維持したままで対策を考えていくことが可能であるために抵抗感が少ないが、後者は自身の性に関するアイデンティティを見つめ直す作業が必須であるために、抵抗感が生じやすい。

戸主制の廃止など前者にかかわる問題への対策が議論の最中であるにもかかわらず実現されていく一方で、後者への眼差しが不足したままであるのは、韓国社会が男女という枠組みへの強い拘束力を有していることを示唆している。

しかし、戸主制の廃止が数年前までは夢物語であったのと同様、セクシュアルマイノリティが、その扱われ方に賛否があるとしても、メディアで多く語られるようになるとは数年前までは考えられなかったことである。これは、セクシュアルマイノリティの人たちの根気強い、絶え間のない活動の結果であるといえよう。韓国でのこうした活動は時として大きなムーブメントを起こすことはこれまで多くの事例が証明してきたし、いまだその勢いは衰えていないようである。よって、ジェンダーやセクシュアリティに対する人びとの意識やそれに対する発言を、時宜に応じて収集していくことで、動態としての韓国社会を描出することができるのである。

【もっとくわしく知りたい人のための文献案内】

チャン・ピルファ他（西村裕美編訳）二〇〇六『韓国フェミニズムの潮流』明石書店

編訳者がセレクトした韓国の代表的な研究者による七編の論文が所収されている。各論文は多様な角度から韓国のジェンダー問題をとらえており、それだけでも興味深いが、編訳者による解説も韓国社会の変容を知るうえで参考になるところ大である。

趙恵貞（春木育美訳）二〇〇二『韓国社会とジェンダー』法政大学出版局

原文は一九八八年発行。今や韓国のジェンダー研究の古典ともいえる。刊行から時がたっているだけに解釈枠組みなどに再考の余地はあるが、韓国をフィールドにしたジェンダー研究を、文化人類学的視点から行なうのであれば必読の書。

権仁淑（山下英愛訳）二〇〇六『韓国の軍事文化とジェンダー』御茶の水書房

本文中でも触れたように、軍隊は韓国の男性性を考えるうえで非常に重要なトピックである。著者は軍隊と男性性をテーマに数多くの論考を著しており、本書はこれまでの成果の集大成ともいえる。

山本真鳥編　二〇〇四『性と文化』法政大学出版局

性にかかわる事象を多様な角度から分析し、「性」の相対化のための視点を示す書。本書を通して読者は、自身がいかに性の普遍性という規範にとらわれていたのかに気付かされるとともに、そうした意識を相対化する視座を得ることができよう。

他に、〈国際ジェンダー研究〉編集委員会の編集による『シリーズ〈国際ジェンダー研究〉』（御茶の水書房）は、講演記録などを再編集し論点が読みやすい形でまとめられており、グローバリゼーションとジェンダーの関係を学ぶうえで非常に有用なシリーズである。二〇〇七年一〇月の時点で四巻まで刊行されている。

ANTHROPOLOGY: FROM ASIAN POINT OF VIEW

三章　多子多福と多男富貴の現在——東アジアにおける産育文化の再編

坂元　一光

【キーワード】
少子化、性別選好、産育文化、子供の価値、ジェンダー

一　はじめに

かつての東アジア諸社会には多産と一族や共同体の繁栄を結びつける「多子多福」の考え方や、男児の誕生を重視する「多男富貴」という産育の思想がひろがっていた。現在、こうした産育の伝統観念は各社会の近代化過程のなかで、一部は継承され、また一部は大きな転換を見せている。本章では東アジアの三つの社会（日本、韓国、中国）における産育文化の持続と変化を出生率や出生性比などの人口現象を手がかりとして見てゆく。

子供を産み育てる人間の営みは、全体としての文化的プロセスのなかに埋め込まれている。産育の営みはそれにまつわる観念、ディスコース、実践等から構成され、結果としてさまざまな人口のダイナミズムを生み出してきた。また近年の避妊技術や新しい家族イデオロギーの普及のなかで、産育における人為的操作や選択の幅は拡大し、その営みは人びとの考え方をより直接的に映す領域となっている。出生率や出生性比はそうした産育過程のひとつの表出であり、当該社会における子産み・子育てやその背景にある子供への役割期待や意味（価値）づけのあり方について考える重要な手がかりを提供している。以下、東アジアの諸社会で展開する産育の営みや子供観が、ローカルかつグローバルな相互作用のなかで社会文化的に編成されるプロセスや構造についてマクロな視点から見てゆこう。

二　多子多福から少子化へ

(一)　生産様式の変化と子供の価値

日本や韓国における伝統的な多子多福の産育観念は、近年子供の少ない出生を志向する産育観念へと大きく転換し、今や未曾有の少子化に直面している。こうした出生意識や行動の変化に関しては、人口学では社会経済発展（産業化＝近代化）を規定要因にすえた「人口転換（demographic transition）」の理論による説明がなされてきた。これは社会の経済発展にともない人口増加のパターンは「多産多死」から「多産少死」をへて「少産少死」に移行するという理論である。それは社会の生産様式との関係に基づく説明であり、大まかにいうならば多産多死は農業主体の社会の特徴であり、少産少死は工業化が進んだ社会の特徴であるというものである。そして、この産業化＝近代化の過程は人びとの人生や生活における個人主義的傾向の一般化を押し進め、さらにその出生行動における技術的，社会的コントロールを可能にすることで、生まれてくる子供に関する意味づけや考え方にも影響を与えるようになった。すなわち産業化＝近代化の過程は、たんに人口増加パターンの変動のみならず、親が子供を産み育てる際の便益感や負担感といった「子供の価値」の変化とも連動するようになったのである。親にとっての子供の意味や価値づけについては、従来、家族史研究のなかで子供に対する近代的まなざしのあり方として論じられてきた。ここでの議論も広い意味で子供に対する親のまなざしのあり方を取り上げているが、そのなかでもとくに経済学的側面に重点が置かれている。

文化唯物論の立場で知られる人類学のM・ハリスは、人類社会の生産様式と人的再生産との関係を子育てにおける経済的便益（benefit）と経済的負担（cost）あるいは対価の観点から論じ、社会の生産様式の変化に従って子供の経済的価値が変化することを指摘している（Harris 1987:90-105）。ハリスによれば、親が子供を産み育てる便益と負担は、社会の生産様式に対応して変化する。狩猟採集社会においては、限定された食糧資源とのかねあいから子供の出産は慎重に抑制されてきた。しかし、農耕や牧畜の出現とともに子供は労働力として期待される存在へと変化する。

もはや子供は遠い距離を連れて歩かねばならない「足手まとい」や「負担」ではなく、家族の生業に早い時期から参画する貴重な労働力へと生まれ変わるのだ。しかし、その子供も農業や牧畜から工業への生産様式の移行とともに、今度は親にとって経済的負担へと変化する。産業化が進み子供の労働に対する法的規制や学校教育の導入にともない、子供を産み育てるコストが急速に高まっていく。ハリスによると産業社会における子供は家内労働力としての経済的な価値よりも養育や教育負担の側面を増大させてゆくのだ。社会の生産様式の変化は子育てにおける便益と負担の関係や子供の価値のあり方をも変化させるのだ。

(二) 少子化と子育ての経済的負担

急速な近代化を果たした日本や韓国がすでに少産少死の段階にあることはいうまでもない。今や両国は「第二の人口転換」をむかえているともいわれる。すなわち出生率が人口の置き換え水準を下まわるいわゆる「少子化」である。数字だけみれば日本より韓国の少子化の方がずっと深刻である。韓国の合計特殊出生率は先進国中最低の一・〇八(〇五年)まで落ち込み、危機感を抱いた韓国政府は「女性家族省」を設置するとともに二〇二〇年までに出生率を一・六まで回復させるという目標値を設定した。「セロマジプラン」(新しく迎える幸せ)の名のもとに、児童手当、住宅費用、不妊治療、保育所の充実が目指されており、これは日本と同様に韓国でも女性が結婚して子供をもち、生まれた子供を安心して育てるための社会の仕組みが整っていないことを物語っている。

日本や韓国の急激な少子化は、先に見た経済のマクロ基盤の変化とともに、避妊技術の普及、晩婚・晩産化あるいは非婚化の進行が直接的要因とされる。なかでも晩婚・晩産化は女性の社会進出や就職・雇用状況、結婚観や家族観の変化が複雑にからまって生み出される。またこうした少子化をおし進めるさらなる要因として、若い夫婦や女性にのしかかる子供の養育および教育の負担感を忘れてはならない。さらに日本や韓国の子育て負担に関してとくに重要なのは、子育てにおける長期的な経済負担すなわち高等教育まで含めた教育費を視野に入れる必要があるという点である。政府の少子化対策はややもすると就学前の支援に焦点化されがちだが、韓国や日本のような教育熱心な社会の場合には教育費の長期的な負担やその助成を考えることも重要である。

実際、最近のOECDの発表によると高等教育の家計負担率は韓国が七六・八%、日本が六〇・三%と加盟国中それぞれ一位と二位を占めている（Education at a glance：OECD 2006）。こうした教育負担にもかかわらず両国の高い進学率は維持されており、単に早い段階の育児だけではなく長期的な教育負担を個人に強いる現状が見出される。身近な日本の受験風景は置くとして、韓国社会における教育熱の高さに関しては、たとえば、子供の志望大学の門に飴を貼り付け、漢江に亀を放す母親たちの涙ぐましい祈願行為や試験当日の地域をあげての交通規制など社会全体が受験生に配慮する数々のエピソードによって知られている。子供に高い学歴や勉学を期待する韓国や日本のこのような教育熱は、両国で加速する少子化のひとつの社会的、文化的背景を構成しており、それはまた日韓に共有されてきた

【コラム】

もうひとつの少子化―中国の一人っ子政策

いわゆる少子化論の文脈の中で人口大国の中国を取り上げることは、すこし奇妙な印象を与えるかもしれない。実際、中国社会の子供人口の絶対数はきわめて大きい（二〇〇四年の一八歳未満人口は約三・六億人）。しかし、出産抑制の国家政策は基本的に少産少死の社会を目指すものであり、その成果の先にはすでに社会の高齢化という日本や韓国と同じ問題が見え隠れしている。少産少子へ向かう社会のベクトルにこのような政策誘導的なものまで含めて考えると、東アジアの少子化は二つの型に分けられるかもしれない。一つは日本や韓国にみられる「結果としての少子化」であり、もう一つは中国の一人っ子政策のような「目標としての少子化」である。

中国では人口問題に対する指導者層の無理解により急激にふくれあがった人口を抑えるため、一九七九年から計画出産の国策として俗にいう一人っ子政策が本格化した。ゆきすぎた避妊の強制や女児の中絶の横行などで欧米諸国からの非難を受けつつも、一人っ子政策は厳格に実施され、一部少数民族地域や農村地域などを

のぞいて中国全土にゆきわたった。その結果、今では出生率も一・七前後にまで落ち着きつつある。都市部では人口増加にも歯止めがかかり、最近はむしろ急速にすすむ人口の高齢化から政策緩和の動きがあるほどである。その一方で、首尾よく達成された少子化への取り組みが日本や韓国の「結果としての少子化」と同じ少子高齢化による老後の保障問題を引き起こしつつある。

子育てや教育の場面でも「目標としての少子化」に由来する問題が起こっている。一人っ子政策は子供に対する親の過保護と過剰な期待を助長する。親や祖父母の愛情を一身に受け大切に育てられる一人っ子は「小皇帝」と呼ばれ、そのわがままで身勝手な性格が指摘され、教育学者や心理学者による一人っ子の研究がさかんに行なわれるようになっている。また改革開放による社会の流動化と市場経済化が進むなかで、子供への過剰な期待は教育投資へと向かい、中国都市住民の子供の子育て費用は家計支出のトップを占めるようになっている（朝日新聞二〇〇六・一一・二一他）。小さい頃から家庭教師をつけるのは当たり前で、名門校に入るためにコネや多額の「賛助金（寄付金）」が幅をきかせ、結果的に教育的な不平等や格差も生じている。

社会にとって子供の数は多過ぎても少な過ぎてもさまざまな不都合を引き起こす悩ましい問題なのである。

儒教的伝統とも無関係ではあるまい。

家計に占める子育て費用や教育費のほかにも、核家族化による母親への育児の集中、女性の不安定な就業条件などの問題が親や若いカップルに与えるプレッシャーは大きい。負担と便益の視点から見た場合、日本や韓国における近年の少子化現象からは産育や教育における大きな負担感がうかがわれ、そこには先のM・ハリスの指摘にあったコスト高な子供の姿が浮かび上がってくるのだ。

(三) 少子化と子供の情緒的価値

少子化は子供に対するネガティブな価値ばかりでなく、より積極的な価値も浮かび上がらせる。それは親子間

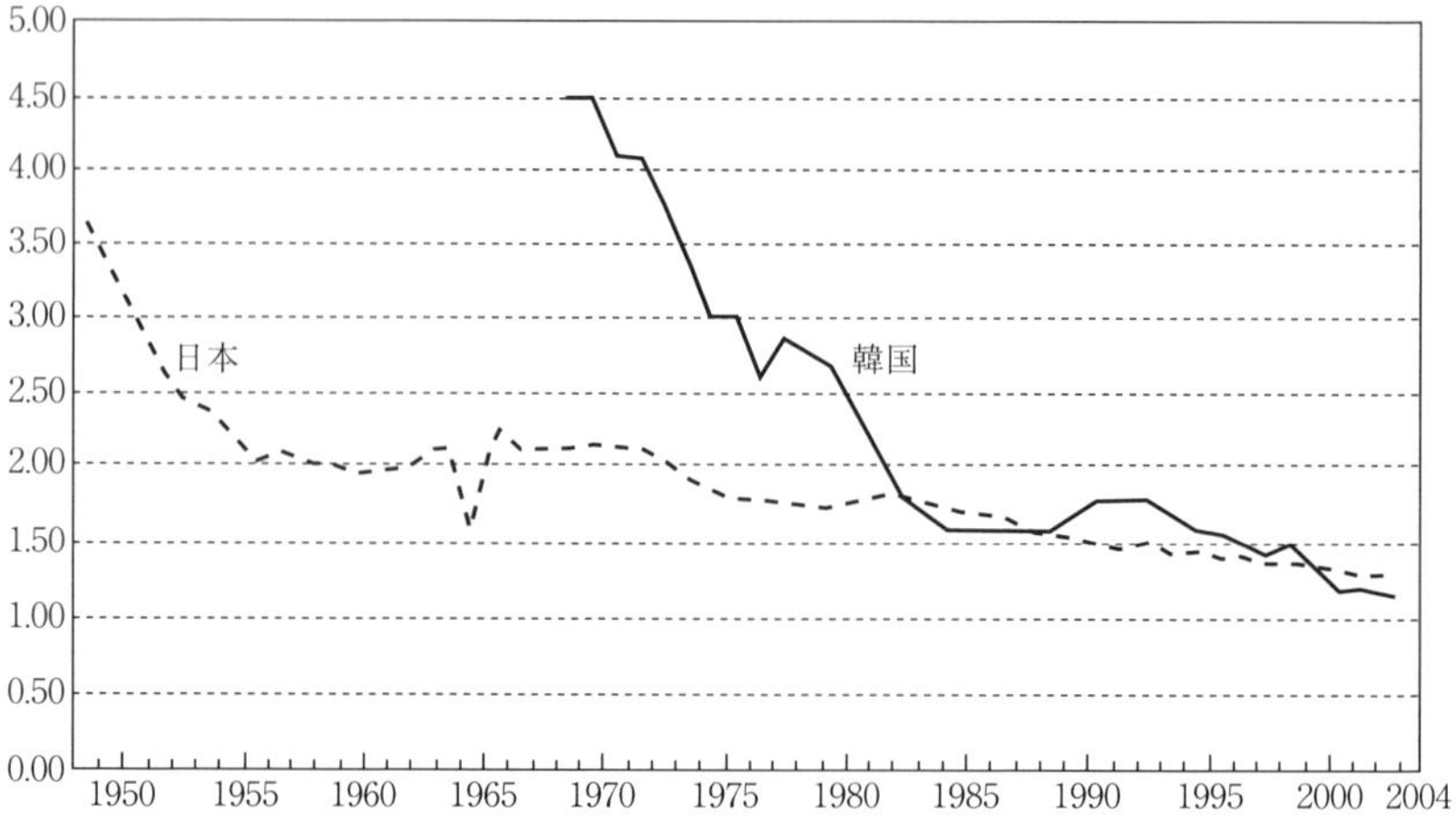

図 3-1　日本・韓国の合計特殊出生率の変化（1950～2004）（山地，2006：161）

韓国：『人口動態統計』韓国統計庁 http://www.stat.go.kr/

日本：『人口統計資料集 2005 年版』国立社会保障・人口問題研究所 http://www.ipss.go.jp/

の原初的で親密な関係性の高まりである。社会学のV・ゼリザーは一九世紀後半以後の米国社会の急激な産業化を経済的存在から情緒的存在への子供観の大きな変容の契機ととらえた（Zelizer 1985）。二〇世紀を前後して、米国では子供の労働をめぐる道徳的議論が高まりをみせていった。それとともに、子供の労働による親の経済的利益は次第に嫌悪の対象となり、かわりに子供の情緒的価値が強調されるようになっていく。ゼリザーは米国社会の産業化＝近代化のなかで経済的価値から情緒的価値へと文化的に再定義されてゆく子供の価値を子供の死亡保険や賠償に関する記録、あるいは金銭的な養子縁組などの歴史資料を駆使しながら実証的に明らかにした。

ゼリザーは子供の価値の変化を産業化＝近代化という社会変化と連動させて示してみせたわけだが、一方で、多産多死から少産少子への人口転換も同様の規定要因によって説明されていた。ゼリザーが産業化＝近代化のプロセスによって指摘した子供の情緒的価値の増大は、同時に子供の数の減少をともなう過程でもあったと考えられる。社会の産業化＝近代化は子供を産み育てる経済的負担を増大させると同時に子供の情緒的価値の高まりもうながしたのだ。このように見てくると日本や韓国の子供は積極的価値と消極的価値の二つの相反する価値から構成される存在として現われる。そこには子育て・教育という経済負担の源であるとともに原初的な親密感の供給源という両価性をおびた子供の姿がある。

以上のように、子供を産み育てる営みを便益と負担という視点から見た場合、少産少死や少子化は当該社会の産育観や子供観の近代的変容を表わす人口現象であり、それはまたかつての多子多福の産育文化のマクロな再編のプロセスあるいはひとつの断面を表わしてもいるのである。

三　多男富貴の持続と変容

（一）韓国の男児選好とその背景

東アジアの人口現象を特徴づけるもう一つの問題として出生性比や子供数の性比不均衡（正常な性比からの逸脱）がある。そのもとになっている「性別子供観」は日本、韓国、中国のすべての社会に見出され、性別選好というジェンダー化されたひとつの産育文化を形成している。性別選好（sex preference）は生まれてくる子供の性別に対する親や社会の期待のあり方を言い、東アジアの多男富貴のように男児の出生を期待したりあるいはその養育過程においてこれを優遇する「男児選好（son preference）」と、女児の出生を期待しこれを優遇する「女児選好（daughter preference）」が代表的な類型である。これらの性別選好は単に子供の性比不均衡の問題としてあるばかりでなく、とりわけ男児選好の場合、途上国を中心に深刻な形態（女児選択的中絶、女児嬰児殺し）が見出されるため、子供の人権・福祉の問題や女性の生殖保健／権利（reproductive health/rights）にかかわるジェンダーの問題としての側面も帯びている。

韓国社会は男児選好を明瞭にあらわす社会のひとつである。人びとの間では、男児の出生を期待する態度が強く、それは単に意識傾向のみならず、男児にかたよった出生行動のかたちで現われる。韓国社会における男児選好は、父系的族制を構造的基盤とし、家族関係の儒教的規範である「孝」をそのイデオロギー的背景として生み出されるひとつの「性別子供観」あるいは産育観といえる（坂元二〇〇六：一一七－一三五）。これら族制とイデオロギーの両側面

表3-1　韓国出生順位による出生時男女性比率（1970～2004）（山地、2006：163）

（女児：100に対する男児比率）

年	干支	全国平均	第1子	第2子	第3子	第4子以上	乳児死亡率（/100人）	合計特殊出生率
1970	戌	109.5	110.2	109.3	109.3	109.4	4.5	4.5
1980	申	105.3	106.2	106.5	106.9	107.5	1.7	2.8
1990	午	116.6	108.6	117.2	190.8	214.1	1.28	1.6
2000	辰	110.2	106.2	107.4	141.6	167.4	――	1.47
2004	申	108.2	105.2	106.1	132.3		――	1.16

出典：2000『人口動態統計年報』韓国統計庁　http://www.nso.kr/　2001『韓国の保健社会指標』韓国保健社会研究院

は、現実生活の中では、たとえば、婚姻時の配偶者選択（外婚規制）、一族としての義務や成員権の行使、家・祭祀の継承、親の扶養などの家庭運営など、人々の生活上の重要な問題と直接に結びついてきた。したがって、それらの役割を独占的に担ってきた男性成員の予備軍たる男児の出生は、家族や一族の存亡に大きな影響を与える重大な事件として特別な関心をもって注目されてきたのだ。

韓国の男児選好は古くからのことわざや民俗慣行の中にも確認することができる。たとえば「寿富貴は多男子」（寿は寿命、貴は高い地位でいずれも伝統的な福の観念）、「息子を生めない女は、涙の洗濯物が尽きる日がない」、「私が息子を生む日が彼が私の夫になる日」（息子を生むことによってはじめて女は夫の妻としての地位を得る）（柳一九八六：四五）などのことわざに男児出生の期待を見出すことができる。また韓国の伝統的な婚姻儀礼に、結婚式において新婦が新郎の家族と正式に初めて対面する幣帛《ペベク》という儀礼がある。それは舅と姑が新婦に対してナツメの実を投げて多産を祝する儀礼であるが、京畿地方ではその時、「息子はたくさん、娘は薬味（程度）」と唱えるという（柳一九八〇：二二三）。さらには男児を得るための呪術的な産み分け技法も存在していた（金一九三四：四二、柳一九八六：一五〇-一五三）。

男児出生に対する強い願望は現代にも受け継がれている。しかし昔と異なるのは少子化圧力により出生性比に不自然なアンバランスを生じさせている点である。表3-1は一九七〇年以降の出生性比を表わしている。人類社会の自然な出生性比がおよそ女：男／一〇〇：一〇五ということを考えるならば、たとえば、表3-1に示された一九九〇年の一〇〇：一一六などという数値はいかにも不自然である。不自然な性比を示す数値の背景には、少子化圧力や医療の進歩による意図的かつ技術的な操作の介在がうかがわれる。多産多死の時代であれば望ましい性別子（ここでは男児）が生まれるまで出産を繰り返すことも可能だった。少子化が進行し一人か二人しか子供をもたなくなった今、できれば一人目から確実に男児を確保しようとするのは当然の心理であり、その実現のために身近になった生殖医療技術を利用しようとするのも自然のなりゆきといえる。

（二）韓国、中国における男児選好の変化

東アジアの性別選好はけっして固定的なものではない。韓国でも急激な社会変動のなかで男児選好と関係の深い祭祀生活や扶養をめぐる意識、家族規範などが変容しつつある。たとえば、一九九七年には憲法裁判所において父系血縁に基づく族外婚規定である同姓同本禁婚の憲法不合致の判決が下され、二〇〇五年には父系血統主義の家族制度の根幹を支えてきた戸主制度が廃止された。さらに少子化、都市化、キリスト教の普及などの要因も、息子に依存してきたこれまでの祭祀生活や同居扶養のあり方に修正をせまっている。これらの変化は親子関係における子供の役割や父系親族の社会的機能ばかりでなく男児選好のあり方にも影響を及ぼすと考えられる。韓国社会では必ずしも男児を必要としない（あるいは当てにできない）考えかたや環境が広がりつつあるといえる。

中国でも男児選好が出生性比や幼児性別比の異常として問題となっている。中国の男児選好も基本的に伝統的産育観の持続と中国的な少子化圧力すなわち強力な計画出産政策との軋轢の中から生み出された現象である。中国の近代人類学を主導してきた費孝通によれば、中国社会の圧倒的多数派を構成する漢民族の間には伝統的に多子志向と男児志向の産育観が見出される（費一九八五）。費による指摘はかつての農民の生活様式に基づいたものであるが、この産育観は改革開放で急速な近代化の道をつきすすむ現在の中国でも、圧倒的人口を有する農村部を中心に依然強い影響力をもっている。今でも子供に対しては小規模の農業経営を背景とした労働力や老後保障の役割期待が高いため、いずれ婚出してしまう娘よりも、嫁をとりともに田畑を守り老後を支えてくれる息子への志向が強い。こうして農村部では一人っ子政策と胎児の性別判定技術の普及により出生性比の異常が引き起こされており、一部では女児の出生

隠匿（黒孩子《ヘイハイズ》）などの問題も生んでいる。

しかし中国社会の男児選好にも変化のきざしはある。たとえば、とくに沿海都市部（大連）を中心に女児選好の意識が見られるようになったという指摘がある。人口学のフォンによれば中国都市部ではかつての強固な父系的、父方居住的、父権的伝統とともにあった男児選好の意識がくずれつつあり、親たちの間で一人っ子の女児の存在意義が正当に（あるいは男児よりも好ましい存在として）認識されはじめているという（Fong 2002：1098-1109）。フォンは一人っ子政策と漢民族の伝統的産育観との葛藤を背景とする女児の選択的中絶や虐待が存在することを認めながらも、一方で改革開放政策の恩恵に浴する都市部を中心に女性が社会的、経済的にエンパワーされつつある現状も見逃すべきでないことを指摘する。中国漢民族社会における急激な社会変化の中で、娘たちは家族生活や就業、教育などの側面において親世代を満足させる成果を挙げつつあり、さらに老後の期待も加わってかつての男児選好の意識が変わりつつあるという。

（三）現代日本の女児選好とその陥穽

性別選好のもう一つの形態は女児選好である。性別選好を通文化的観点から検討したウィリアムソンは、比較的明確な女児選好の現象は母系的な集団編成の原理をもつような社会や、女性が交換財として重要な位置づけを与えられる前産業社会に多く見出されることを指摘している（Williamson 1976：103-115）。たとえば、母系の島で知られるミクロネシアのサタワル島の例もその一つといえる。

須藤の報告によれば、サタワル島では「性比については、娘を多くもつことを好み、息子四人、娘四人の組みあわせよりも息子一人、娘七人と答えるものが大半であった。ただし、息子が一人もいないと、『兄弟姉妹の関係』ができないので良くないという。多くの娘を欲しがるのは『娘さえいればタロイモと魚の両方が手にはいるからだ』と説明する。これは婿入り婚との関係で、娘が主食のタロイモ、その婿が魚をとってくるから食べものに困らないことをさしている。息子を何人もっても結局はよそへ婚出するからあてにならないのである。娘を重要視するのは、家族

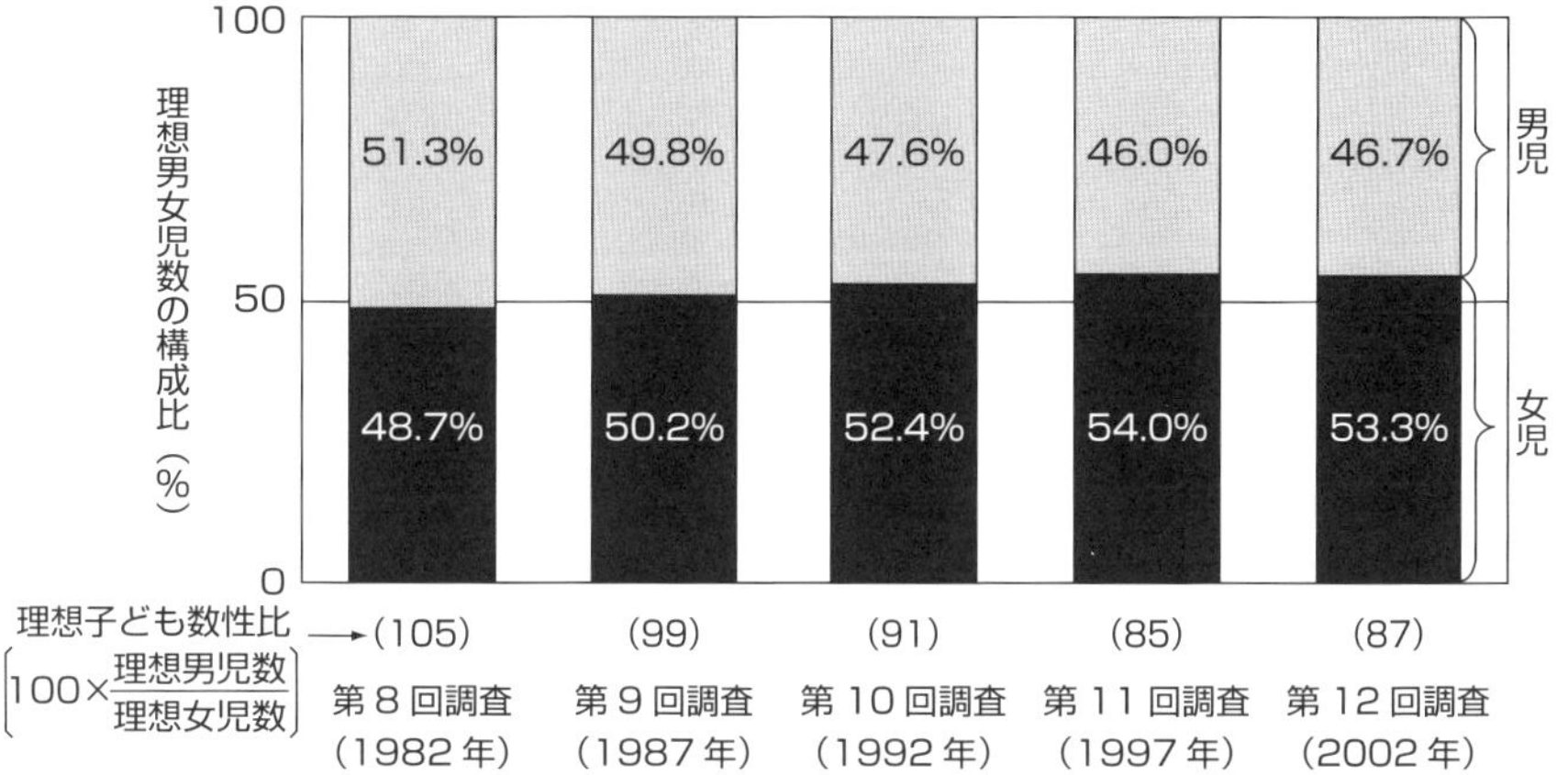

図3-2　理想男女児数の総和の構成と変化（1982〜2002）（高橋他　2003：80）

注：理想子供数が１人以上の夫婦（初婚どうし）によって回答された理想の男女児組み合わせにおける総男女児の構成を表わす。グラフ下の（　）内は，その性比（理想女児数100に対する理想男児数）。

の日々の生活のためだけでなく、母系の血筋を連続させ、母系一族（リニージ）を絶やさないためにも当然のことである」（須藤一九八九：五五－五六）。ただ女児選好はこのような前産業社会のみならず、じつは日本のような産業社会や先進産業社会にも見出される。

　日本は具体的な数値によって女児選好を押さえることができるめずらしい社会の一つである。図３－２は社会保障・人口問題研究所が二〇〇二年に実施した出生動向基本調査のデータである（高橋他　二〇〇三）。第八回調査から、理想子供数をたずねたあと、その子供数についてどのような性別組み合わせが理想か聞いている。グラフからは希望する男児数の減少と女児数の増加傾向が見られる。ただ、この傾向はあくまで意識レベルにとどまっており、具体的な出生行動としてのそれではない。また日本における女児選好はサタワル島において見られた母系的な社会編成原理から説明することも困難である。なぜなら日本社会には近世以来、広く浸透してきたイエ制度に基づく男児選好の伝統が指摘できるからだ。

　かつてイエ制度により構造的に支えられてきた日本社会の男児出生への期待は、男児の出生を地域ぐるみで祝う五月節句や凧揚げなどさまざまな民俗行事のなかに未だにそのなごりを残している。しかし、戦後のイエ制度の廃絶をふくむ急激な社会変化や、家族変動あるいは産業化、都市化の流れの中で、かつて男児に期待されていたイエ継承や老後扶養の役割は急速に失われていった。むしろ親にとっては親の近くにとどまる傾向が強い女児との関係や親近感の方が実質的な重要性を帯びるようになっている。日本の女児選好にも精神的依存や親密な関係の受け皿としての役割期待が表われているように思われる。しかし、ここで重要なことは女児や女児の出生に対する期待の高まりが必ずしも女児それ自身の価値を表わすものではないという点である。そこにはこの国の不安な老後を生き抜くうえでの子供に対するジェンダー化された依存感情や役割期待が潜んでいることを忘れてはならないだろう（柏木 一九九八：四二）。

四 おわりに

人口現象を手がかりとして東アジアの新しい産育観や子供観を見てゆくなかでまず明らかになるのは、少子化も出生性比の不均衡もそこにはジェンダーの問題が共通に横たわっているという点である。たとえば、少子化をめぐるアカデミックな議論では男女の役割分業の固定性や、女性の産む権利などがまず俎上にのせられ、また性別選好に基づく性比の不均衡に関しても、それが単に子どもの性別に対する個人的好悪に起因するものではなく、社会的、歴史的にジェンダー化された産育文化として生みだされていることを明らかにしている。

また東アジアという広い視野をとることで、少子化や性比不均衡が国家や社会の境界を越えた現象としてあることも明らかになった。少子化や性比不均衡の現象は移民の流入にともなう社会の多民族化や文化のハイブリッド化、ジェンダーや女性の権利、子供の人権や福祉などグローバル化する社会の課題と深くかかわっており、すでに個別ローカルな枠組みを越えた広がりを呈しつつある。たとえば、インドを対象に男児選好と女児選択的中絶（FSA：Female-Selective Abortion）の研究を続けているB・ミラーは、バランスのとれた出生性比を「ローカルかつグローバルな公共財（public goods）」として位置づけることで、研究者や政策担当者のあいだに性比不均衡に関する問題意識を喚起する必要性を説いている。同じような指摘は社会の性比不均衡を安全保障問題に結びつけて考える国際政治学者の研究にも見出される（Hudson & den Boer 2004）。少子化に関しても近年は東アジアの国々の間で問題の共有と解決への協力体制が模索されつつある。

少子化や子どもの性比不均衡などに関しては、これをジェンダーや子供の福祉、人権などの問題意識とクロスさせ、またローカルかつグローバルな視点をもって接近することで、そこに新しい産育文化研究の地平が現われる。少子化や子どもの性比不均衡を克服するカギもその先に見えてくるのかもしれない。

【もっとくわしく知りたい人のための文献案内】

河野稠果　二〇〇七『人口学への招待―少子・高齢化はどこまで解明されたか』中公新書
　人口の基礎的な考え方、用語、理論、研究の最前線、少子化のメカニズムなどを平易かつコンパクトに解説する好著。人口学の入門書として最新かつ最適。

日本経済新聞社編　二〇〇七『人口が変える世界』日本経済新聞社
　人口の変動がその国の政治や経済、社会ひいては国際関係に大きな影響を与える現実を世界各地の例から平易に紹介する。

阿藤　誠・早瀬保子　二〇〇二『ジェンダーと人口問題』大明堂
　発展途上国ならびに先進国における人口動態や人口構造を取り上げ、それらを性差、性比、ジェンダーの視点から再検討する。一九九四年のカイロ会議を契機として人口研究にジェンダーの視点を定着させるべく編まれた意欲的書。

柏木恵子　二〇〇一『子どもという価値―少子化時代の女性の心理』中公新書
　授かる子供観からつくる子供観への転換によって、子供を産み育てる意味（価値）がクローズアップされるようになった現代。少子化問題を出産・結婚をめぐる女性の心理の問題であるという観点から考える。人口心理学という新しい視点による子供観研究の書でもある。

岩田慶治編著　一九八五『子ども文化の原像―文化人類学の視点から』日本放送出版協会
　総勢四一人の研究者による世界の子供文化の人類学的視点からの研究。子供文化についての多彩な切り口を概観するのに役立つ。

第二部
呪術・宗教と病い

ANTHROPOLOGY: FROM ASIAN POINT OF VIEW

四章　「呪い」は効くのか？――タイのヒーリング・カルトの治癒力

成末　繁郎

【キーワード】
言語行為論、パフォーマティブな効果、説得のアナロジー、仏教、瞑想、文化対自然

一　呪術分析を拘束する暗黙の枠組み―西洋近代の相対化

まず、西洋固有の文化の概念の特性を確認することから始めよう。R・ワーグナー（Wagner 1978）によれば、西洋は「自然」をinnate（先験的で固有）なものと見なし、それをシステム化する試みにその産物（たとえば、思考と行為のモード）を含めて「文化」と見なす傾向があるという。すなわち「文化」は手つかずの「自然」から人間の便宜に合うように加工された人工的なものなのである。この観点が多くの人類学者にも共有されていたことは一九七〇年代のオートナーによる「女性と男性の関係は、自然と文化の関係か？」（オートナー　一九七四／一九八七）という論文でもはっきりと確認できる。この枠組みの最も典型的な表現は西洋近代を推進した「社会契約説」である。この世界はバラバラの個人から構成される「自然状態」から利己主義を捨て普遍的な理性に導かれた契約に基づいて形成された「社会」へと移行したとする進化論的な思考が西洋近代のベースラインに、恐らく現在でも、あるのである。そこで、第一に、文化 対 自然（人工的 対 先験固有性）［その下位バージョンの一つが社会 対 個人］という近代のパラダイムが、呪術の分析に関わる人類学者にいかに影響を与えてきたかを確認し、次にその確認を前提に呪術についての分析がはらむ問題を考察するという順序で論じていくことにしたい。

二 呪術研究に潜む西洋近代の枠組み―技術的行為 対 表現的行為

西洋の近代の枠組みが維持されたことで、呪術が表現的行為であると前提されて分析が進んだことをここでは確認する。フレイザーが呪術の因果関係のつけ方を分析して以来、呪術は科学と同一の因果関係を対象にしているが、完全に間違った因果関係のつけ方をしており、実効性のない行為を行なっていると前提されてきた。それはリーチ（一九八一）が教えてくれる技術的行為との比較を見れば一目瞭然である。要するに、「死ね」といくら口頭で言っても、あるいは「死ね」を暗示させるパントマイムをいくらやっても、相手は死なないだろう。しかしバットで殴れば確実に死ぬのである。では「呪い」はどっちなのか。われわれにとっては明らかに前者にみえる。すなわち「死ね」「死んでほしい」という願望を表現しているに過ぎないのである。だが、呪いを行なっている当人は本当に願望を表現するために呪いを行なっているのだろうか。「呪い」が実効性のない奇妙な行動に見えるのは、実は「呪い」自体がもつ不合理さによってではない、それを不合理と感じさせる暗黙の前提、すなわち文化＝人工的対自然＝先験的固有性（innate）という西洋独自の前提をわれわれがかたくなに信じていることによってであることに気付くことが重要である。解説すると、リーチは行為を象徴的コミュニケーション行為＝表現的行為と実用的行為＝技術的行為に区別し、儀礼を前者に分類した。この区別に従えば呪術は儀礼に類似しており、したがって表現的行為に入る。しかし呪術のどこが実用的行為＝技術的行為と見なせないのか。ここでフレイザーの呪術の論理の分析が役に立つ。一般的に、科学的な因果関係は「事象Aと事象Bとの間に、恒常的な関係性が設定される場合、つまり事象Aが生じると常に事象Bが生じる場合にのみ科学的な因果関係が設定され、後にどのようなメカニズムがその事象間に生じているかの解明が図られるのである」（浜本 一九八九）。しかし呪術で設定されているのは換喩と隠喩という比喩の関係であり、とても恒常的に呪いとその結果が結び付いているとは思えないのである。もしそれが連鎖的に生じたとしても「偶然」にしか思えない。こうして、呪術は表現的行為、すなわち何も実際的な効果をもたず、メッセージの伝達だけの機能を果たす言語と同様のものであるととらえられるのである。呪術の研究は、その呪術がもたらす効果（呪いで人を殺す）というよりも、その呪術が伝達するメッセージの解読（シンボル分析）やルイス（I. M. Lewis）によるアフリカのソマリ族他の憑依霊信仰の分析のように、社会的弱者によって間接的抗議手段として利用される「遠回しの攻撃戦略」という解釈に向かうのである。ところが、ほとんどの人類学者が気付いているように、「呪術」は効果がある。あるいは少なくとも呪術を行なっている人々は効果があるとかたくなに「信じている」のである。呪術を表現的行為としてしまうと、このことを説明することができなくなるのである（なぜなら、もはや未開の人々を非合理的な人々と見下すことはできないし、実際に合理的である。にもかかわらず呪術を捨てないのである。いくらでも反証はあるはずなのに）。したがってこの点は曖昧に処理される。だが、もし人類学者がこの問題を隠蔽したら、その瞬間に、その人類学者はエスノセントリズムに、つまり自分たちの「常識」を他者に押し付けるポジションを取ることになるのである。

しかし幸いにも、多くの有能な人類学者がこの呪術の効果の問題に真正面から真剣に取り組んできた。以下では呪術の効果を説明しようとした人類学者の苦心の試みを二つ取り上げて、検討していきたい。ただ、ここにも近代の枠組みが見え隠れするが、最終的には近代の枠組みに乗らない、相対主義的な解釈の可能性はどの辺にあるのかを考えてみたい。

三　呪術の効果

浜本はベイトソンの報告するニューギニアのイアトムル族の災厄の原因とされるングランビ（ngglambi）やE・プリチャードの報告するアフリカのザンデ族の妖術の事例を巧みに使いながら、災厄の因果的な説明においてングランビや妖術がいかに余計なものかを説得的に指摘する。この余計さはE・プリチャードの有名な「いかに原因」と「なぜ原因」という議論に回収されるものではなく、そもそも存在しないものに実在の地位を与える言説の機序の観点でとらえられるべきものと論じる。たとえば、われわれは自分の不運や失敗を「運」や「ツキのなさ」のせいにして、あたかもそれが原因で災厄が引き起こされたかのように語る。そしていったん「運」や「ツキ」が持ち出されるとそれらが本当に存在するかのように作動し始めるのである。こうしてわれわれは新聞の本日の運勢欄の内容や胡散臭い占い師たちに踊らされるわけである。このとらえ方においては呪術の効果は次のように説明されるだろう。たとえば、願望という事実がなければ、僥倖が人にある出来事をもたらしたとしても、彼はそれに意味を見出さないだろうし、ましてや希望が実ったという形でその経験を把握することもないだろう。つまり人に呪いをかけた／かけられたという事実によって、その後の災厄に関する経験の様態が一変するのである。すなわち呪いが告知される前と後では犠牲者の世界に対する解釈、あるいは物語の構造が変わり、告知を受けた犠牲者は呪いが原因で災厄が生じたと経験を解釈し、遡及的に呪術の効果を作り出してしまうのである。さらに、呪いの告知をわざわざしなくても呪った方の人は常にターゲットに注目しており、ターゲットに何か災厄が起これば、自分の呪いが成就したと解釈し、事後的に効果が作られるのである。この意味で呪術の効果は「発明」されるのである。

この説明の素晴らしいところは呪術自体にオカルト的な力があろうがなかろうが成り立つという点である。いずれにしろ、われわれは事後的に効果を「確認」している、または解釈の変更によるならば「発明」しているのである。さらに、呪いの告知の問題も、ここでは問題にならない。呪う人と呪われた人のどちらかが効果を「認定すれば」効果が存在するからである。だがこの説明が最も違和感なくすんなり受け入れられるのは、われわれが「呪術」を表現的行為であると取る場合である（浜本がリーチによる行為の区分に異を唱えていることは重々承知しているが）。すなわち呪術にオカルト的な力がないと前提した場合に、この説明は最もその説得力をもつのである。つまり呪術の効果はあるように見えるだけで、それは錯覚だということが含意されるのである。しかし、呪術を真剣に行なっている人々は効果があるように見えるだけではなく、オカルト的な力の存在を前提にして、効果はあると見ているのである。相手をバットで殴る人は相手が死んだ場合に、バットで頭を殴ることには効果があるように見えるとは言わないだろう。少なくともバットで殴る人に向かって、解釈を変更することによって事後的に効果を発明しているのですよと教える人がいるようには思えない。そこには「物理的な力」の存在が自明のものとして前提されているからである。オカルト的力を前提にして呪いをかけている人の状況はこれと同じであることを念頭におくべきである。彼らにとって振り下ろすバットがもつ物理的な力の自明さと、呪術に前提される「オカルト的力」の自明さは同じであり、バットを振り上げることで相手を脅迫することができるのと同じ強度で、呪いの使用を仄めかすことで相手を脅迫することができる（中世ヨーロッパの人々がキリスト教会からの「破門」の宣告を恐れたように）と前提して対象により寄り添う解釈を工夫することを目指すべきなのである。呪術の効果の不在を自明の前提にして、効果を事後的な発明として合理的に論じる仕方は、なぜ呪術には効力が実在しないか説明することを求められたとき、結局、西洋近代の枠組みがベースにあることを認めざるをえなくなるのである。

一方、「未開社会」における呪術の効果の「自明さ」の感覚の持続をタンバイア（Tambiah 一九八五ａ）は次のように論じる。思考のアナロジー的なモードは人間全体で常に利用されてきた。呪術も科学もともにアナロジー的な思考と行為によって特性づけられている。しかし呪術と科学ではアナロジーのモードの次元の異なる種類のものを利用しており、呪術と科学を同一の価値基準で計測したり、検証したりすることは不適切である。つまり、そもそも科学と呪術が同一の思考の、一方は正しく、一方は間違ったモードととらえることが間違いの原因である。科学には科学の固有の思考のモードと評価基準があり、呪術には呪術独自の思考のモードと評価基準があるのであり、科学の評価基準で呪術の効果を判定することはできないのである。この二つの思考のモードを混同したとき、呪術の効果は言うに及ばず、われわれが日常的に現実に客観的にその大きな効果を体験している別の思考のモードも「間違った因果関係」に基づく表現的行為として、その実効的な効果を切り捨てなければならなくなるのである。これを具体的に解説しよう。呪術の原理が隠喩と換喩であることはフレイザーの指摘で明らかになった。すなわちアナロジー、類比的な関係をターゲットと呪物に設定して、呪物を操作することでターゲットに影響を及ぼそうと考えていたわけである。これが科学が設定する因果関係と異なるとされ、呪術は表現的行為、または象徴的コミュニケーション行為（いずれにせよ、その効果はメッセージの伝達である）とされたわけである。これに対して、タンバイアは科学にしてもアナロジーを使用して知識を産み出していると主張する。ただ、アナロジーのモードと目的が呪術と異なるのである。すなわち科学は二つの事象、一つは既知の事象、もう一つは未知の事象の間にアナロジーを設定し、このとき、それを仮説というが、それから検証作業に入るのである。仮説で設定されたアナロジーが検証に耐えうるならば、未知の事象が解明されたと認定されるのである。これを解明のアナロジーと名づけよう。このアナロジーは未知の解明と新知識の産出が目的であることが理解できるだろう。しかしわれわれは解明のアナロジーとはまったく異なるが、異なった種類の目的および効果と有益さをもつアナロジーを知っている。広告宣伝で使用されるアナロジーである。たとえばあるハリウッドの映画俳優が人気と実力ともにハイクオリティとしよう。その俳優にある日本のメーカーのジーンズを履かせる。するとそのジーンズに俳優のクオリティが転移する。そのジーンズのクオリティは非常に高いとイメージされ、若者は購入する（消費者は説得される）。広告宣伝のアナロジーは既知のモデルで未知の現象を解明するのではなく、既知のモデルがもつ価値を未知のものに拡張・転移させ、高い価値をもつことを説得しようとするのである。こうした広告宣伝のアナロジーを説得のアナロジーと名づけよう。

さて、この説得のアナロジーが効果をもつことは明らかである。効果がないならば、何億もかけて宣伝を作ることはないだろう。しかしハリウッドの映画俳優が日本のメーカーのジーンズを履くことと、そのジーンズの高品質に、科学的な因果関係があるだろうか。これは完全に比喩的な関係である。にもかかわらず効果があるのである。宣伝広告は表現的行為である。われわれはメッセージをテレビから受ける。そしてわれわれは商品を買いに走るのである。銃や暴力などで、買わせるという実効的な行為と結果的に同一の効果がもたらされているのである。蛇足だが映画俳優を使用する商品の宣伝はフレイザーが言うところの「感染」の原理を使用している。したがって他にも「類感」の原理で宣伝を作ることが可能である。

すなわち、宣伝広告はわれわれの世界の「呪術」なのである。そして効果はあるのだ。宣伝をすることと販売実績の間にはなるほど科学的な因果関係が設定できるかもしれないが、宣伝で誰を使用すれば販売効果があがるのかは一種の賭けである。予想がつかないのである。前述の日本のメーカーのジーンズを筆者が履いて宣伝しても売れないことは科学的に予測可能ではあるが、なぜあの映画俳優でなければならないのか、なぜ別の映画俳優ではいけないのか。これを科学的に説明しようとすればするほどナンセンスになっていく。言い換えると、その映画俳優に日本のメーカーのジーンズを履かせる合理的根拠はまったく無いにもかかわらず、効果があるということである。広告宣伝のアナロジーのモードの効果は科学的な解明で真とか偽と判定されるものではないのである。そのとき、その説得の仕方が、TPOに沿って適切かどうかで判定され、実証的にあるいは科学的に真とか偽とかで決まるものではないのである（飛び降り自殺をしようとしている人に、この高さから体重六〇キロ以上の人が飛び降りると九〇％以上の確率で死ぬから、自殺は止めろと言っても自殺をしようとしている人は止められない、それを知っているからそこから飛び降りようとしているのだから）。効果があるかないかは相手次第、すなわち賭けなのである。だが、的確にやれば、かつ相手にフィットすればうまくいくこともあるものなのである。

タンバイアが主張する宣伝広告および呪術の効果、すなわち説得のアナロジーの効果（これを「パフォーマティブな効果」と呼ぼう）は確かに存在することは分かるが、一体その正体は何なのだろうか。明らかに宣伝広告も呪術も表現的行為である。しかし効果がある。タンバイアは次のように、J・L・オースティンやJ・サールの言語行為論を導入して、そもそも言語すなわち表現的行為がメッセージの伝達だけであるととらえることが間違いであると指摘する。完全に、リーチの逆になるのである。すなわちタンバイアは言うことと行うことを分けることはできないと主張するのである。リーチに従えば、表現的行為は、実効的な効果をもたないことになる。すなわち「言っただけ」が成立することになる。しかし実際はどうだろうか、たとえば、「約束する」という言葉を考えよう。「約束する」とは「約束した」ことを「言っただけ」なのだろうか。もし、筆者がある女性に「明日、君と結婚しよう」と提案し、彼女が受け入れたとする、そして彼女は「約束よ」と小指を出す、そして指切りをしながら「約束する」と筆者が言ったとする。翌日筆者がまったく別の女性に結婚を申し込んだとしたら、前日結婚を約束した女性が確実に怒鳴り込んでくるだろう。さて、そのとき筆者は「結婚しよう」と「言っただけ」、「約束する」と「言っただけ」と言って逃げることができるだろうか。そう言った瞬間に確実に殴打され、慰謝料を請求され、悪くすると詐欺師として逮捕される可能性がある。言葉は「言っただけ」ではすまないようになっているのである。「約束する」と発話することは、同時に約束した内容を履行することまでを含んでいるのである。さらに言えば、履行することが強制されるのである。遵守することで筆者は「人間」にとどまることができる。しかしもし履行しないと、信頼をなくし、社会的に抹殺される可能性があるのである。まさにわれわれが通常使用している言語は説得のアナロジーで使用されており呪術と同様なのである。なぜなら、単なる音の連鎖に過ぎない言葉で、人を動かすことができるからである。「約束した」ら約束したことを実現するために人は努力するのである。彼はその言葉によって動かされているのである。これは考えると奇妙なことではないか。呪文によって人を動かすのとどこが違うのだろうか。つまりわれわれは言語の通常の使用によって人を動かすことができることを十分に知っている。そして「未開人」も同様に、言語で人が動くことを知っている、だからパフォーマティブな効果の脈絡で呪文に動かす力があると考えてどこがおかしいのだろうか。もしこう考える「未開人」がおかしいというなら、なぜわれわれは「言葉」で心理的のみならず物理的にも動かされるのかを説明するべきであろう。しかしこれを説明することはあまりに自明すぎて、逆に非常に困難をきわめるのである。そのとき感じる自明さの感覚こそが「未開人」が呪術の効果に感じている自明さなのである。ではタンバイアがどのように呪術の効果（ここでは瞑想による病気治療）を分析するか具体的に見てみよう。

【コラム】

ブッダの遺骨の法力

チェンマイでの筆者の受け入れ家族の一員であるPさんは敬虔な仏教徒で五〇歳代の大学卒の公務員であり、奥さんのOさんは何度もオーストラリアやアメリカなどに留学経験のある小学校の英語の教師である。数年前現地調査のあと日本に帰る直前にPさんが筆者に高さ一〇cmくらいのミニチュア仏塔をくれた。彼によるとその仏塔の中にはブッダの遺骨のかけらが入っているという。開けてみると確かに香油を垂らした綿の上に白い骨のかけらのようなものが三つ入っていた。さらに、毎日少しずつ香油をかけ、あるタイ語の祈りの言葉を唱えると、なんと徐々に遺骨の数が増え、それとともに筆者の運が開け幸せになると彼は言うのである。実はその遺骨は彼の持っているものが増えたのでその一部を筆者に分けてくれたのである。こうしたブッダの遺骨や有名な仏教僧の肖像が現世での災厄から持ち主を守護するお守りとして利用されるのはタイではお馴染みであり、タンバイア（一九八四）がこうしたタイのお守りの意味を詳細に分析している。さて、筆者はズボラで、帰国後は仏壇に仏塔を安置したまま、祈りも唱えず、もらった香油も時たまにしかたらさなかった。その後、筆者の母が入院し、さらに筆者も看病疲れで入院してしまい、ようやく筆者が退院したら数ヵ月後に母は他界したのである。さて最近ふと仏塔を開けてみるとなんと骨のかけらの数が五個に増えていた。おそらくこの仏塔の守護がなければ筆者はもっと酷い災厄を被っていたにちがいないのである。今は毎日この仏塔に祈りを捧げている。

四　タイのヒーリング・カルトの事例――タンバイアによる分析

バンコクに拠点をもち信者二千人以上を抱えるそのカルトは警察署長の肩書きをもつブンペン（仮名）先生（以下先生と記す）によって率いられ、身体的なものであれ、精神的なものであれ病気が瞑想（samathi）の実践を通して完治可能であると主張していた。タンバイア（一九八五b）が紹介する典型的治療事例はともに米国の大学で教育心理学の博士号を取得した大学の教員夫婦に関してである。夫Xは脊髄の激痛に悩まされていた。彼は米国で数人の医師にかかったが軽減されなかった。タイのバンコクに戻った後に先生について知り、五ヶ月躊躇した後に、彼の治療セッションに夫婦で参加する。最初の訪問で、先生の助手が彼の痛む箇所に触れながらXにいくつか質問した。すると一〇分ほどで痛みは消え完治したのである。先生の助手によると、邪術が痛みの原因であり、T字型の呪具が彼の背中に刺さっていたが、それが抜き取られたことで痛みが消えたとのことであった。だが先生の助手たちはXに邪術の犯人を突き止める必要はなく、大事なのは徳を積み、慈悲に従ってその徳を使用することに集中することである

写真 4-1　タンブン・アカンマイの小学生

写真 4-2　タンブン・アカンマイ参列の僧侶

と諭したのである。これを契機としてXは先生の熱心な弟子（つまりはカルトの信者）になり、瞑想の実践者になったのである。一方彼の妻Yは子宮筋腫に悩んでおり、米国留学中に手術を経験していた。その五ヵ月後に帰国して二度目の手術を経験した。三度目の手術はおそらく二ヶ月半後であり、その手術をすれば死ぬだろうとYは考えていたらしい。夫の劇的な回復を見たあとYも先生の誠実な弟子になったが、五年経ってもまだ自分の病気が完治してないことを認めた。しかし現在は痛みから解放され、手術の必要がなくなったという。彼女は瞑想の中で白い光を感知し神々のもたらした果実を味わうという経験もしていた。

タンバイアによると治療セッションは先生の家で次のように進行する。まず患者の誘導が行なわれる。患者は白い服を着用し線香・蝋燭・蓮花を仏像が置かれた祭壇に供え礼拝し、仏陀や僧や神々や両親等に許しを乞う祈りの朗唱を促される。次の瞑想を通しての治療では、前述の祈りが繰り返された後、治療が無料であることが告知され、仏像等への精神集中を介して瞑想へ入ることが勧められる。それから助手による訓話の中で仏教的宇宙の高い次元からの多様な神々の降臨が描かれ、これらの神々が治療に参加し注射したり薬を投与していると語られる。患者たちは瞑想の中で口を開け、舌を伸ばすように命じられるのである。この間に助手や先生自らがタバコをふかしながら患者の間を歩き回り、患者の頭や首に触れたり息を吹きかけるのである。最後に助手による患者ごとの悪いカルマの診断が行なわれ、たとえば三人の仏教僧にご馳走するといったカルマの除去に必要な徳積み修行が言い渡されることで治療セッションは完了するのである。

このカルトがもつ治療パワーをタンバイアは言語行為論の観点から分析する。先ずこの治療が説得のアナロジーで構成されていることを確認しよう。患者の身体的または精神的な苦痛は多様な原因が指し示されるが、最終的には前世の因縁から生じる報いと解釈されることで一般的な「苦」へと結び付けられ、仏陀および仏教僧が瞑想を通して「一切空」を悟ることで苦および輪廻転生から解脱するプロセスとの類比によって「悟り」による苦の解除のイメージが患者に移送されているのである。患者が瞑想で高い霊的次元へと上昇すると同時に高い次元から神々が降臨し患者を支援すると示唆されることで患者の経験に厚みと権威が付加されるのである。さらに助手や先生による触診や息の吹き掛けがこの瞑想経験のリアリティを増大させ、その上に先生の前世での莫大な徳の所有および修行僧のような禁欲生活と現世での警察署長という役職によって喚起される小規模な「転輪聖王」というカリスマ性が患者の経験のリアリティを補強しているのである。こうした説得のアナロジーが病気の治癒をもたらすという確信は仏教国タイという脈絡で最も強固なリアリティを獲得するとタンバイアは述べる。仏教のコスモロジーや哲学の特徴は道徳的な法則と物理的・自然的法則の作用とに区別が存在せず、すべてがダルマ（仏法）に包含される、ゆえに世俗的な知識の領域から宗教的な知識の領域を分離する西洋と異なり、国民の九五％以上が敬虔な仏教徒のタイでは仏教のコスモロジーと医学を始めとする実際的な知識や技術の体系が一体となると彼は述べる。この脈絡の中で意識の倫理性と明晰さの向上に応じて開示される多元的な世界の存在や輪廻転生・前世等を含む具体的な仏教のコスモロジーがタイの人々に赤ん坊の頃からあらゆる媒体を利用して刷り込まれ説明不要の自明の理として共有されることで、カルトの治療効果のリアリティが不動のものになると彼は論じるのである。

五　おわりに

タンバイアの議論は人類学者自身の社会での「効果」の概念の多様性に目を向けさせ、E・プリチャード風に言うなら、「いかに原因」ならぬ科学的な効果と「なぜ原因」ならぬパフォーマティブな効果があることに気付かせ、「非西洋社会」ではパフォーマティブな効果を目指して呪術が構成されていると論じ、呪術に前提されている効果を「錯覚」にすることなく理解可能であることを示唆することで西洋近代の枠組みを明確に相対化している点で称賛すべきものである。しかし呪術の効果の議論を当事者にとって自明性やリアリティがどのように成立するかという問題にずらし、言語行為論等を駆使して「常識」の枠内で論じているようしかみえない。つまり「なぜ呪術が当事者にはリアリティがあるのか」には答えているが「なぜ呪術が効果をもつのか」に関しては結局曖昧なままにしているのである。しかしこれは無理からぬことでもある。後者の問いに答えようとすることは結局は人類学で支配的な西洋の「科学的な」研究者に受け入れられない可能性があるからである。これは浜本の若干煮え切らなさが残る議論にも当てはまる。残念ながら「学者ゲーム」のルールまたは「常識」ルールに従わざるをえないのである。しかし中にはこのような学者ゲームのルールに従わない研究者もいる。その一人がカルロス・カスタネダ（一九九三）であった。呪術の効果を巡る解釈は学者ゲームを超えて、それも含めて全面的に相対化するなかで見えてくるアイデアで最も正当な議論が成立するのではないだろうか。とはいうものの全面的な相対化のなかで展開される解釈の方法は、五次元の世界をわれわれの見慣れた三次元の世界で認識するようなもの（リサ・ランドール 二〇〇七）で、その一端すら思い描くことは難しい。ニューギニアのダリビ族が述べるように「夢」の中で「精霊」よる革新のヒントの啓示を待つほかないのかもしれない（Wagner 1971）。

【もっとくわしく知りたい人のための文献案内】

カルロス・カスタネダ（青木保監修　名谷一郎訳）一九九三『未知の次元　呪術師ドン・ファンとの対話』講談社学術文庫
　当事者側に徹底的に沿った呪術の効果の研究の一つのあり方を示している。

リチャード・ドーキンス　垂水雄二訳　二〇〇七『神は妄想である　宗教との決別』早川書房
　ジョン・レノンが歌うように、宗教のない世界を想像してみよう。すると九・一一の悲劇もなかっただろう。英国の生物学者ドーキンズはこの精神のもとに神の不在を科学的にかつ徹底的に証明する。さらに進化論の侮れない説得力を痛感させてもくれる。必読の書である。

浜本　満　一九八九「不幸の出来事―不幸の語りにおける「原因」と「非原因」」『異文化の解読』吉田禎吾編　平河出版社　五六‐九二頁
　呪術研究の面白さとともにその現象がはらむ問題の深さも認識できる稀有の論文である。

五章　エイズの文化人類学——タイとマレーシア

ANTHROPOLOGY: FROM ASIAN POINT OF VIEW

片山　隆裕・中野　明希子

【キーワード】
疾病と病い、多元的医療システム、実践
アイデンティティ・ポリティクス、戦略的本質主義

一　はじめに

タイに住んでいた折、親友のタイ人Ｐさんの勧めで仏教寺院に赴き、僧侶に健康を祈ってもらった。農村に暮らす知人の呪術師Ｆさんは、病気にならない呪《まじな》いを施してくれた。彼らは、なぜこうしたことを勧め、筆者はなぜそれを受け入れたのだろうか？　タイ滞在中まったく病気をしなかったのはこれらのおかげかもしれない、と筆者が考えたのはなぜだろうか？

このような経験から、通常ならば体調不良のときには服薬をし、病院に行く筆者のもつ病気観や治療行為に関する一般的認識とは異なる概念やシステムが存在することが推測できる。先端医療設備が整った病院での病気診断や治療実践は、さまざまな概念やシステムの中の選択肢の一つに過ぎないが、私たちはこのことに鈍感であるのかもしれない。二〇世紀の後半になって人類はエイズという新しい脅威に見舞われ、病いと人間、病と文化との関係はますます複雑な様相を呈しているように思える。本章ではタイとマレーシアの状況を手がかりに、エイズという病いに対する意味づけや実践という側面について考えてみたい。

二　医療人類学の領域と多元的医療システム

医療人類学（Medical Anthropology）では、現代医学がいう身体上、客観的また科学的に把握できる異常の状態である「疾病」（disease）と、個人によって体験される苦痛や不快、不安、ほかの人々とは異なる状態に陥ったことによる疎外感なども含む「体験としての病気」を指す「病い」（illness）との区別を行なう（波平 二〇〇二）。医療人類学は一九七〇年代以降アメリカで急速に領域名が普及し、その後日本でも多くの研究者の関心をひくようになった人類学の一分野である。医療人類学には、「人類の進化と適応に関する研究および人類の生態に関する比較研究」「病気や治療に関する民族誌的研究」「人類学者と精神科医との協同による〈文化とパーソナリティ〉の研究」「発展途上国への医療援助の実践から生じた国際的な公衆衛生」という四つの起源があり、現在の医療人類学の重要な下位領域にもなっている（フォスター ＆ アンダーソン 一九八七）。近年の主な研究テーマには、民族薬学論・医療多元論・医療システム論、公衆衛生・臨床医学の応用人類学、病気の生態学的研究、病気概念論とその臨床理論、医療人類学の体系化などがある（江渕 二〇〇二）。

医療人類学は、現代医学を相対化する立場をとる。近代西欧医療のみを医療とみる見方に異議を唱えたダンは、医療システムを「その特定の行動の結果が健康かそうでないかにかかわらず、健康を増進する意図的な行動から発展した社会制度と文化的伝統の形式」（Dunn 1976：135）と定義した。こうした考え方をもとに、ひとつの社会の中に複数の医療システムが併存することを、医療人類学者は「多元的医療システム」（Plural Medical System）と呼び、それを「医療的多元主義」（Medical Pluralism）という視点で分析してきた（飯田 二〇〇六：一七）。アーユルヴェーダやユナーニなどの大伝統の医療だけでなく、民間信仰の祈祷師などの行為を含む土着の民俗医療なども医療システムのひとつとして位置づけることによって、当該社会の医療システムを多元的にとらえるのである（Dunn 1976、波平一九八四、池田二〇〇一）。

三　エイズという「病い」

二〇〇六年における世界の新規HIV感染者数は四三〇万人（推計値。実数は三六〇〜六六〇万人の間）、AIDSによる死亡者数は二九〇万人（二五〇〜三五〇万人）、二〇〇六年末現在における累積感染者数は三、九五〇万人（三、四一〇〜四、七一〇万人）と推計されている（UNAIDS/WHO 2006：1）。「HIV」（Human Immunodeficiency Virus）は「ヒト免疫不全ウイルス」を指し、「AIDS」（Acquired Immune Deficiency Syndrome）は「後天性免疫不全症候群」を指す。「HIV」というウイルスに感染することで免疫不全を起こし、抵抗力の低下により、通常感染しないような病原菌に感染する日和見感染や悪性腫瘍などさまざまな症候群を発症した状態を「AIDS」と呼ぶ。感染源として特定されるのは精液、膣分泌液、血液、母乳であり、感染経路は、性交渉、輸血、血液製剤の使用、血液接触、（薬物）注射の回し打ち、妊娠・出産時の母子感染、母乳摂取に限定される。そのため「いくつかの限られた場面」に心配りをすれば、予防はほぼ可能といえる。

S・ソンタグは、一九八一年にアメリカで初のAIDS発症者が報告され、男性同性愛者をはじめとするさまざまな対象と結びつけながらエイズに疾病以上のイメージが付与されていく流れを受けて、HIV／AIDSが「人に新しいアイデンティティを与えるもの、患者を『彼ら』のひとりに変えるもの」（ソンタグ 一九九〇）と述べている。こうした見方から、HIVポジティブ（HIV感染者）に対する偏見、誤解、差別やそれらを生み出す社会文化的脈絡が存在する可能性が考えられる。HIV／AIDSは、その言葉がもつ意味以上に「死」「恐怖」「不道徳」「社会的逸脱」「性的放恣」などの偏見を含むネガティブ・イメージを帯び、そのイメージは性産業従事者や薬物注射常用者などの「他者」に投影されて形成される。このことは「自分はHIV感染とは関係がない」という誤解を生み出し、その結果、「HIV／AIDS＝他人事」という意識につながる。こうなるとその感染経路の如何にかかわらず、HIVポジティブは人々の意識の中で周縁へと追いやられ差別を受けることになる。こうした意識が浸透した社会では、感染の可能性がある場合でも偏見を恐れてＨＩＶ抗体検査を受けることに消極的になり、正確な現状把握が困難になる。

一方田辺繁治は、社会の中で人々がどのように自己を統治し、自分の生き方を探求することが可能であるかという課題に、「実践」という概念――社会的に構成され、慣習的に行なわれている行為や活動――を用いてアプローチしている。こうした「人と人との相互行為が凝集し活動が組織されている現場」として、タイのエイズ自助グループを例に挙げ、「実践コミュニティ」に参加することでメンバーが自信を深め、新たな人生の感覚をつかみ、自己の転換を生みだしていくとし、このような決定的な転換が「再生」（グート・マイ）と呼ばれていることを明らかにした。覚醒と再生の体験が彼らを自己の省察へと導き、エイズとともに生きる主体という新たなアイデンティティを創り上げることを可能にしているとも述べている（田辺 二〇〇三）。こうしたＨＩＶポジティブに対するイメージの転換や実践を通した自己（認識）の転換は、ＨＩＶ／ＡＩＤＳを語るうえで重要な示唆を提供してくれる。

四　エイズ問題の社会文化的脈絡とホリスティック・ケア・アプローチ―タイ

（一）タイのエイズ問題の概況

一九八四年、最初のＨＩＶ感染者が確認されたタイでは、二〇〇〇年には感染者・患者の累計が九八・四万人に達し、二〇〇五年末現在、推計値で約五八万人の感染者がいるという（UNAIDS 2006）。当初エイズは男性同性愛者、薬物注射常用者、性産業従事者などに特有の「特別な病気」であると考えられており、またタイ政府は、一九八七年を〝Visit Thailand Year〟と定め観光客の誘致に取り組んでいたため、観光イメージを損なう恐れのあるエイズ問題に対しては沈黙する姿勢をとった。しかし、一九八〇年代後半から一九九〇年代初めにかけて感染拡大が明らかになり、エイズ問題に対する懸念が大きくなると、政府はエイズ対策を国家の重要な政策という位置づけ、対策と予防のためのさまざまなキャンペーンを開始した。一九九二年に始まる第七次経済社会開発計画では、政府や民間諸機関の

ンコクで国際エイズ会議が開催され、多様な取り組みが議論されている。

として「ホリスティック・ケア・アプローチ」（後述）に取り組んできた。また、二一世紀に入り、チェンマイ、バ

連携・協力、地方行政レベルでのエイズ委員会の設置などを促し、一九九〇年代後半にはエイズ問題へのアプローチ

（二）エイズ問題の社会文化的脈絡

タイにおけるＨＩＶ感染源としては、異性間性交渉が大半を占め、そのほか薬物注射、母子感染の順となっており、主要な感染ルートは「性産業従事者➡客の男性➡妻や恋人➡母子感染」といわれている。タイでは「男は象の前脚、女は象の後脚」という言葉に象徴される伝統的ジェンダー観が存在してきたが、社会をリードし出家をして僧侶になることで功徳を積むという社会的宗教的価値の実践が求められてきた男性に対して、女性には家事、農作業、子どもの養育、老親の扶養などの家族的経済的価値の実践が求められてきた。このことは、貧しい農村家族の娘たちに、ときに性産業への従事による両親や家族への孝行をも容認することになり、北部や東北部の農村の若い女性たちが性産業にリクルートされてきたのは周知のとおりである（たとえば、ポンパイチット 一九九二）。またさまざまな祭りやイベントの際に実施される「美人コンテスト」に象徴されるように、「女らしさ」は美しさを基準として男性を「慰める存在」としての役割を期待される一方、「売春宿に行かない男は男ではない。行かない男は仲間はずれにされる」というあるタイの農村に住む青年たちの語りに象徴されるように、「男らしさ」はしばしば婚外交渉や複数女性との性交渉ではかられ、夫たちが売春宿に通うことに対しても「仕方がない」「愛人をつくられるよりはいい」という妻たちの諦めを含む沈黙と忍耐も存在している。男性たちは、買春をする場合でもかつてはコンドームを使用することが少なく、このことがＨＩＶ感染拡大の大きな要因の一つとなった。また、ＨＩＶ／ＡＩＤＳに関する知識や情報が不十分だった当初は、「自分だけは大丈夫」「エイズは他人事」という根拠を欠いた楽観論や「性産業従事者以外との性交渉ならば感染しない」という誤解も少なくなかった（Katayama 1999）。

ＨＩＶ感染の拡大は、また家族や地域社会にも多大な影響を与えてきた。二〇〇五年末現在の感染者は女性

（一二万人）よりも男性（三六万人）が多く、また、二〇代〜三〇代に多いが、このことは感染者が家族や地域社会の中核の年齢層に多いことを意味し、あとに残された子ども（多くのエイズ孤児の存在する）と老人たちの生活不安など社会的に大きな問題となっている。また、ＨＩＶ感染者への差別も少なくなかったが、家族や地域社会からの差別や隔離にとどまらず、医療機関、学校、職場などからの差別も深刻だったという。さらに北部を中心に居住する山岳少数民族や隣国からの不法就労者は、習慣や言語（タイ語の理解力）の違いによるＨＩＶ／ＡＩＤＳ情報からの隔離、貧困と人身売買ブローカーの暗躍、薬物注射による感染などによってエイズ禍にさらされやすいリスクグループとされている。

（三）エイズ問題へのホリスティック・ケア・アプローチ

ＨＩＶ／ＡＩＤＳは「疾病」というより、差別・偏見や誤解などを含む社会的文化的脈絡と密接なかかわりをもつ「病い」という側面が強い。そのため、医療機関での対応だけで予防・解決することは困難をともなう。こうし

【コラム】

「キャベツとコンドーム」のレストラン

タイの首都バンコクのスクムヴィット通りには、一風変わったタイ料理レストランがある。〝Cabbages & Condoms〟の看板を掲げるこのレストランの料理は、バンコクの中では比較的リーズナブルな値段のわりにとても美味だ。レストランのオーナーであるミーチャイ・ウィラワイタヤ氏は上院議長や副首相など政府の要職を歴任し、タイ最大のＮＧＯの代表でもある。ミーチャイ氏は、性産業施設にコンドームを無償で配布する「一〇〇％コンドーム政策」の生みの親であり、「ミスター・コンドーム」とも呼ばれている。彼の名前「ミーチャイ」は、コンドームを意味する俗語としてタイ人の間に定着しており、タイ語の辞書にも載っている。レストランは、バンコク、チェンラーイなどにあるが、それぞれに世界各国のコンドームが展示さ

れ、「安全な性交渉」（Safe Sex）の文字が躍るポスターが掲示されている（京都の四条河原町にも日本進出一号店がある。）。レストランに隣接して、ミーチャイ氏が代表を務める「人口地域開発協会」（Population and Community Development Association ＝ PDA）の本部ビルがあり、このNGOは、村落開発、家族計画、エイズ問題、水資源確保、山岳民族の持続可能な観光開発など多くのプロジェクトを実施してきた。

筆者が勤務する大学のゼミの学生たちとともに、毎年実施している「ゼミ研修旅行」の一日目は、このレストランでの夕食会で幕を開ける。トム・ヤム・クン（海老入りスープ）、ガイホーイ・バイトゥーイ（鶏肉のバジル葉蒸し）、プー・パット・ポンカリー（カニのカレー風味卵炒め）……美味しいタイ料理に舌鼓をうちながら、現代タイが抱える問題の一端を学ぶ一夜は、ゼミ生たちの眼の輝きが増す時間である。

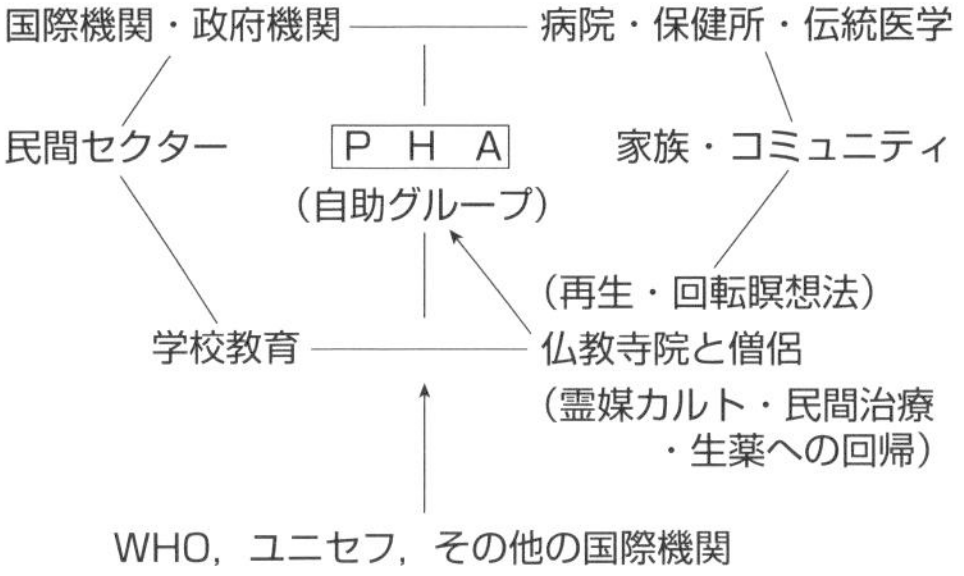

図 5-1　エイズ問題に対応するエージェント・ネットワーク概念図（片山 2004 より作成）

写真 5-1　ホーリスティック・ケアの実践例

た認識の下、一九九〇年代後半からタイ政府は、国際機関、民間セクター、NGO、家族、地域社会、PHA（People Living With HIV/AIDS）自身などが連携してエイズ問題に関わるプランづくりをすすめ、さらに仏教僧侶や「地域の知」（Local Knowledge）なども活用した「ホリスティック・ケア」の取り組みを実践している（図5-1、写真5-1参照）。これは、前出（田辺二〇〇三）のように実践を通して感染者の自助自立を促すような取り組みを含む、多面的な治療や健康管理への取り組みであり、近代医療の知識と実践を拒絶することなく、精神的・身体的なケアの実現のために、多様な代替医療や知的資源を活用する対応策である。たとえば、僧侶たちが新たに開発した瞑想法を感染者に施して免疫力の低下を押さえる試みをしたり、感染者が入院している病院を訪問して生きる希望を説いたりするほか、ハーブなどの自然の植物資源が活用されたり、伝統医療、民間薬の効果の研究なども行なわれている(UNAIDS et al. 2001、片山 二〇〇四)。

タイでは、こうした対策が功を奏して新規感染者は減少傾向にあるが、エイズの貧困化・女性化・周縁化・老年化、薬物注射による感染率の上昇、男性とセックスをする男性におけるＨＩＶ陽性率の上昇、専門医の不足、若者の間における「ギグ」(友だち以上恋人未満の関係でときに性的関係を含む)の流行への懸念など、個別の問題は多い。さらにきめ細かい対応や抗エイズ薬の低価格化・保険適用、エイズ新薬の開発などが求められている。

五　ＨＩＶポジティブという実践—マレーシア

(一) 文化的に修飾された〝ＨＩＶ／ＡＩＤＳ〟

マレーシアでは、一九九一年から〝Kempen Cara Hidup Sihat〟(健康的なライフスタイル・キャンペーン)が保健省によって運営され、毎年異なるテーマを設定し、啓蒙を促している。このキャンペーンの一九九二年のテーマが〝ＨＩＶ／ＡＩＤＳ〟であり、保健省はさまざまなポスターやリーフレット、小冊子などを作成し啓蒙を進めた。これはマレーシアにおける最初のＨＩＶ／ＡＩＤＳ啓蒙活動で、「国民」を対象にしたものである。そのため、これを機にＨＩＶ／ＡＩＤＳという言葉を知り、良かれ悪かれ、何がしかのイメージや先入観をもった人も少なくはないだろう。このキャンペーンでは、「ＡＩＤＳは殺人者」というスローガンをもとに、「ＨＩＶへの感染を予防するためには、薬物を求めないように、薬物注射常用者の輪に入らないように、不特定多数の人との性交渉をもたないように、多くの人々に意識させること」を目的とした。ここで、そのキャンペーンで使用されたポスターを見てみよう。写真５－２では、「家族」の写真の横に「家族を愛そう」というメッセージが添えられ、その下には〝Vice〟(悪行)と

写真 5-2 「家族」をモチーフにしたポスター

写真 5-3 ネガティブな表象の一例

いう言葉を用いて「薬物や悪行に近づかないようにしよう」と書かれている。これは、「一般的」な家族のように「普通」に生活していれば大丈夫という安心感や、さらには「悪行がＨＩＶ感染を招く」という印象を与えかねない。また写真５－３では、マレー語で「あなたはＡＩＤＳ犠牲者の可能性がある」と右上に大きく書かれ、左下には、「あなたが薬物を欲しているならば、あなたが同性と関係をもっているならば、あなたが両性と性交渉の関係をもっているならば」とある。これは一体何を表象しているのだろうか。こうした暗黒の背景に「死」を連想させる死に神のような不気味な骸骨が描かれていて恐怖すら覚えてしまう。

正しい予防知識が普及しないうちに、こうした表象が先行すると「薬物注射常用者」や「ホモセクシュアル」「バイセクシュアル」また「セックスワーカー」などは、「自己」とは完全に異なる「他者」として認識され、ＨＩＶ／ＡＩＤＳに対するイメージはその「他者」に投影されながら形成される危険性があるだろう。これは「不道徳」や「社会的逸脱」「性的放恣」「恐怖」「死」など偏見を含んだネガティブなイメージを「他者」に投影することで異質性をあらためて固定化し、イメージの枠組みを強化するのではないだろうか。さらに「ＨＩＶ＝他人事」という誤った認識にもつながり、予防行為の実践をも妨げることになる。単なる「疾病」であり感染症の一つだったＨＩＶ／ＡＩＤＳは、さまざまな文化的修飾を加えられ、ネガティブなイメージを帯びた〝ＨＩＶ／ＡＩＤＳ〟として広く認識されていくのである。

（二）「HIVポジティブ」という実践とアイデンティティ

しかし、ここで〝HIV／AIDS〟という言葉が帯びるネガティブなイメージやそれを創り上げたメディアを、性急にヒステリックに批判するのでは意味がない。そこで、そのような社会から一方的に押しつけられたイメージに対し、「HIVポジティブ」がどのようにとらえ、感じ、消費し、あるいは対抗しているのかといった「実践」について触れてみよう。S・ソンタグ（一九九〇）は、HIV／AIDSを「人に新しいアイデンティティを与えるもの、患者を彼らの一人に変えるもの」と指摘した。この新たな視座を踏まえて注目したいのは、これまでネガティブなイメージを帯びてきた「HIVポジティブ」というアイデンティティを、むしろ意識的に公に提示し、そのイメージの転倒さえ図ろうとするような実践である。たとえば、実名で公に自身の感染を公表したAさん（四八歳、男性、インド系）は、公表に際しては「HIV／AIDSのイメージを乗り越えて、その事実に直面する機会を人々に与えたい」という意図があったと語り、「あなた（筆者）方ができることは、HIVポジティブの私にも同様にできるということを伝えたかった」という。また「HIVポジティブを励まし、自分一人ではないというメッセージを伝えたかった」とも語ってくれた。

たとえば彼のような、「HIVポジティブ」というアイデンティティを、敢えて本質的に、一つの戦略として積極的に選択するような実践は、戦略的本質主義的な実践といえる。またこれは、アイデンティティ・ポリティクスの一つの応用例ということもできるだろう。アイデンティティ・ポリティクスとは、それまで周縁化されてきたマイノリティが、マジョリティに同化するのではなく、否定的に表象されてきた自分たちの差異性やアイデンティティを肯定的なものに転倒させながら、同じアイデンティティを共有する人々を政治的に動員し、発言権を高めようとすることを指す（小田 二〇〇二）。これに過剰な解釈を加えれば、それは厳しい排他主義と化し、他者としての境界を改めて強化してしまう危険性もある。しかし本節の場合に限っては、アイデンティティ・ポリティクスを応用し、「HIVポジティブ」というアイデンティティをポジティブなものに転倒させようとする戦略的本質主義的な実践も、対策の一環として有効な、一つの生産的な実践と考えられる。ヘブディッジ（一九八六）は、このような既存の意味を再コンテクスト化することによって新たな意味を生産する過程を「意味産出的実践」(Signifying Practice) と呼んだ。

しかし感染しているからといって、もちろん四六時中「HIVポジティブ」であることを意識しているわけではない。自らを取り巻く人々との関係や、さまざまに絡み合った権力関係の中で、アイデンティティはその時々の環境や状況に左右されながら陣取りのように収縮する。また、アイデンティティはそれ自体重層的なものであり、常に変化するものでもある。田辺(二〇〇三)は、「帰属意識や規範への同一化としてのアイデンティティ概念(たとえば文化、国民、会社、エスニシティ、ジェンダーあるいはセクシュアリティ)の背後には、ある普遍性をもち、かつ首尾一貫性をもった自己の確立が常に想定されている」ことを指摘し、そのような固定的、安定的なアイデンティティ概念をとらえ直し、「アイデンティティ化」(Identification) という新たな概念を説明した。このアイデンティティ化とは、「不安定で、過渡的であるいは偶発的なものであったとしても、権力関係の中で自らの位置を占有し、自分の生を求めて自分であることを承認する過程」のことを意味する。私たちは、その場面、場面に応じて、自分に期待される役割、自分が演じてみたい役割を瞬時に判断しながら、利己的にも他己的にもそれらを演じながら生活している。たとえばBさん(三六歳、男性、マレー系)は、公の場で自身の感染について語った経験があるが、HIVポジティブのみを対象に発行された小冊子には写真入りで、テレビや新聞といった媒体には顔を布で覆い匿名という条件で限定的なカミングアウトを行なっている。これについて彼は、「まだ父親が偏見を恐れているし、弟も一九歳と若いから」と家族の立場を理由に挙げる。彼は、カミングアウトの対象となる集団や、家族や自分の意思などの交錯するさまざまな条件の中から、状況に応じて自らの立ち位置を変化させているのである。

(三) カミングアウトの効果

HIVポジティブが戦略的にその立場を利用しながら、自己の立場を公に提示することには、「HIVポジティブ」と「一般大衆」という大きな二つの対象が想定されている。前者には、限定的なカミングアウトの効果と同様に、「HIVポジティブ」としての誇りや社会的貢献の可能性などの肯定感を与え、エンパワーメント効果をもたらす。一方後者には、どういった行為で感染するのか、あるいは感染しないのかといった正しいＨＩＶ予防情報を与えるだけでなく、「誰にでも起こりうること」「慢性疾患として管理することができるような疾病であること」「継続的に診療を受ければそれまでと変わらず健康的に生きられること」そして「あなたと何ら変わりない一人の人間であること」を伝えることができる。これはさらに、「一般大衆」がこれまで心に描き出していたＨＩＶ／ＡＩＤＳに対するネガティブなイメージと、その現実を照らし合わせる機会を得る働きがある。

このように、重層的なアイデンティティの中の一つであるＨＩＶポジティブとしてのアイデンティティを強くもつ場合に、そしてそれを公であれ限定的であれ、表出させたいと感じた場合に、内からの表現を通してネガティブなイメージを放棄し、これに対して人々がＨＩＶポジティブの、等身大の、現実の姿にできるだけ多く向き合うということが、「病い」としてのＨＩＶ／ＡＩＤＳを薄らげるための具体的な可能性を示唆するといえるだろう。

六　おわりに

本章では、アジアで最も早くＨＩＶ／ＡＩＤＳの感染が拡大したタイで、当初の対応の遅れにもかかわらず、一九九〇年代以降、さまざまな機関やグループの連携・協力のもと対応がとられてきたことと、イスラーム教徒が多数を占める複合民族社会マレーシアにおいて、ＨＩＶポジティブであることを戦略的に利用する実践例が報告された。近年、中国、インド、カンボジア、ミャンマーなど他のアジア諸国でもエイズ問題への懸念が高まってきている。ＨＩＶ／ＡＩＤＳが、単なる「疾病」を超えた「病い」であることを意識しながら、社会文化的脈絡や人々の意味づけのプロセスや実践などについての研究の精緻化とそれに基づく対応が望まれる（本章では、一、二、四、六節を片山、五節を中野、三節を中野と片山が共同で担当した）。

【もっとくわしく知りたい人のための文献案内】

飯田淳子　二〇〇六『タイ・マッサージの民族誌——「タイ式医療」の生成過程における身体と実践』明石書店

著者の二年半にわたるフィールドワークをもとに、タイ・マッサージの社会文化的側面に焦点を当てて論じた民族誌。

ソンタグ、S　一九八二『隠喩としての病い』（富山太佳夫訳）みすず書房

ソンタグ、S　一九九〇『エイズとその隠喩』（富山太佳夫訳）みすず書房

病気に付随する「意味をいくらかでも奪いとること」を目的に、『隠喩としての病い』では癌を、『エイズとその隠喩』ではエイズをテーマに、そのイメージの暴力性を指摘した著書。

田辺繁治　二〇〇三『生き方の人類学—実践とは何か』講談社現代新書

「実践」に着目しながら、タイの霊媒カルトやエイズ自助グループをフィールドに、それぞれの人間関係やアイデンティティ化の過程が具体的に描かれている。

波平恵美子　一九八四『病気と治療の文化人類学』海鳴社

「医療人類学」の入門書の一冊。病気と社会・文化のかかわりが筆者自身の調査体験をはじめとする内外の豊富な資料をもとに論じられている。

第三部
開発とマイノリティ

六章　開発とマイノリティ――フィリピン

ANTHROPOLOGY: FROM ASIAN POINT OF VIEW

森谷　裕美子

【キーワード】
フィリピン、先住民族、先祖伝来の土地、先住民族権利法、幸福のための開発

一　はじめに

「開発」とはもともと仏教用語であり、仏教の概念では「まことの道理をさとる」とか「精進する意欲にもとづいて自分の心に問いかける」といったことを意味する言葉であるという。しかし、私たちが今日、一般的な意味で用いる開発はそれと異なり、たとえば発展途上にある国では外からの援助を前提とした「経済的、社会的停滞と貧困を解決する方策」としての開発が進められ、そこでは経済や政策、技術といった面が重視され、人間が軽視されていたために、多くの現場で期待どおりの成果が得られなかったばかりか、環境破壊や地域格差の拡大などといったさらなる問題を生むこととなった。仏教でいうところの「心の開発」がなおざりにされた結果である。こうした国際的な開発援助・協力において一九六〇年代の政策の中心となったのは近代化論であったが、近代化論では経済的な指標で社会の発展をとらえるため、経済的発展を遂げた欧米諸国は近代化した先進国であり、それ以外の国々はいまだ発展途上にある後発国であると見なした。そして後発国が先進国と同じように近代化するためには何よりも経済発展が必要であると考え、先進国から途上国への援助がこぞって行なわれたが、そこにさまざまな弊害が生じたことはすでに述べたとおりである。

こうした開発援助を受ける国の多くはかつて植民地支配を経験しており、この植民地主義と開発（主義）はしばしば対比されるが、その根本的な違いを「前者が被統治者を抑圧するのに対し、後者は被開発者に利益を与えるもの」と考えるのは幻想であり、それが「政治的・経済的強者からの弱者への働きかけ」であるという点では同じである（青柳 二〇〇〇）。しかも、そうした関係は、弱者である途上国のなかにさらなる弱者を創り出すことになり、ようやく植民地支配から脱却した後発の国々は近代化を達成するため積極的に開発事業に取り組むが、実際、大規模な開発事業の対象となるのは「伝統的」な生活をする人々の居住する「未開の地」であることが多く、国家の発展のため、しばしば強制移住が行なわれ、そこでは彼らの権利など無視されてきた。近代化の名のもとに進められる開発政策は結局、彼らを周縁化することで推し進められ、新たな対立を生むこととなり、ここにマイノリティが創出されていく。

筆者が長年かかわってきたフィリピンも貧困やテロ、汚職の蔓延など多くの問題をかかえる発展途上国であり、日本のＯＤＡもその開発援助に大きくかかわっているが、そうした援助がすべての人に等しく恩恵を与えているとはいいがたい。もちろん、これまでの反省から、マイノリティや先住民族の権利をまったく無視した大規模な開発支援はあまり行なわれなくなってきているが、依然としてフィリピンでは、彼らの権利を無視した一方的な開発や彼らに対する差別、抑圧も根強く残っている。そこで本章では、こうしたフィリピンの事例をもとに、「開発とはいったい何か」「いったい何のために開発をするのか」といった問題を開発とマイノリティとの関係から考えていきたい。ただしフィリピンでは近年、こうした人々を「マイノリティ」ではなく「先住民族」と呼ぶ傾向にあるため、ここでは最初に「マイノリティ」と「先住民族」の概念を整理し、それを踏まえてフィリピンの開発とマイノリティの関係について考えていくこととする。

二　マイノリティと先住民族

大仲によれば、マイノリティと先住民族は国際法上別々の主体として考えられているが、それらの権利体系ができる基礎となった定義においては、それぞれ次の要素を共通点として確認することができるという。すなわち、マイノリティにおいては、①被支配的な地位にある、②独自の民族的、言語的、宗教的な特徴を有する集団である、③その基準では自己規定が重要となる、ということであり、先住民族においては、①植民地下、侵略または近代国家の領土確定によって被支配的な地位に位置づけられる、②自己の社会的、経済的、文化的、政治的制度の一部または全部を保持している、③その規定では自己規定が重要となる、ということである。さらに、先住民族については土地とのつながりが強調されることも多いが、両者の主な違いは「先住民族が植民地下、侵略または近代国家の領土確定によって被支配的な地位に位置づけられる点」にあり、この点について、国際法上、先住民族は自己決定権を有するとされる。しかしながらマイノリティも先住民族も差別や周縁化という点において多くの共通点を有し、また厳密に区別できない場合もあることから、その定義は必ずしも絶対的なものではない（大仲 二〇〇三）。これらマイノリティや先住民族に対し、国際的には、ＩＬＯ第一六九号条約（「独立国における先住民族および部族民に関する条約」一九八九年）で、個々の社会的、文化的独自性や慣習、制度、生活様式を尊重し、彼らの占有ないし使用する土地や生活に影響を及ぼす開発プロセスに対する優先権や、開発計画の作成、評価に参加する権利などといった先住民族の権利保障が規定されている。そこでは彼らが占有する土地の所有権および占有権を認め、その土地に属する天然資源についても権利が保護されるべきであるとし、国家がこれらの資源に対する権利を保有する場合でも、常に彼らと協議しなければならない。彼らには、可能な限りその活動の利益を享受し、損害に対しては公正な補償を受ける権利があるとしている。いっぽう、マイノリティに対する権利宣言（「民族的、宗教的、言語的マイノリティに属する人の権利宣言」一九九二年）でも、ＩＬＯ第一六九号条約と同じような権利保障がみられるが、それが、近代化を妨げる「遅れ」や「野蛮」な存在としてマイノリティをみるのではなく、むしろ社会全体を豊かにする要素としてとらえていること、そしてマイノリティの権利を積極的に保護することで社会の安定が図られるといった観点に基づいてつくられているという点で、きわめて意義のあるものである（大仲 前掲書）。

いうまでもなくフィリピンでも周縁化されるマイノリティが多く存在し、これまでフィリピン国家やマジョリティたちにさまざまな名称で呼ばれてきたが、最近では先住民族と呼ばれることが多い。しかし名前はどうあれ、フィリピン国家は早くからそうした人々の権利を憲法で保障しており、それによれば、国家は「先住の文化的共同体の経済的・社会的・文化的な幸福、福利及び健康を保障するため、先祖伝来の土地に対する権利を保護」（一九八七年憲法）しなければならないことになっている。ここでいう「先住の文化的共同体」とはフィリピン国家におけるマイノリティないしは先住民族のことを指すのであろうが、フィリピンでは、この憲法およびＩＬＯ第一六九号条約、先住民族の権利にかんする国連宣言草案（一九九四年）を法的な基盤とした先住民族権利法（Indigenous Peoples Rights Act）が一九九七年に施行されたことで、ここに正式に「先住民族」が定義されることとなった。それによると、先住民族とは「自己または他者によってその帰属が認識されている人々の集団または同質の社会」であり「組織化された共同体をもち、共有地として境界が定められた領域に継続的に住み、先祖伝来その領域に対する所有権を主張ないしは占有する、または現在その領域を占有し利用している」、あるいは「共通の言語と文化、慣習、その他、特筆すべき文化的特徴をもつ」、「植民地化、非土着の宗教・文化からの侵害に対する政治的、社会的、文化的抵抗をとおして歴史的にフィリピンの主要なグループから差別されてきた」人々を指しており、ＩＬＯ第一六九号条約による先住民族の定義とほぼ同義である。「先住民族」という用語は、字義どおりとらえればその土地にもっとも古くから居住していた人々をさすのであろうが、合田が指摘するように、それは同時に「少数民族」であることも含意しており、さらに、彼らが歴史的に独自の自治慣習ないし政治的統合性をもっていることを前提としているという（合田二〇〇五）。しかしフィリピンの場合、たとえ先住民族に先住性が問われないとしても数万年前から紀元後数百年にかけていくつもの民族移動の波があり、一つの民族だけで多数民族を構成しえないというような状況においては、何をもって先住民族と判断するのかがきわめて困難であり、マイノリティないしは先住民族に属するかどうかの最終的な判断は結局「個人の選択の問題」ということになるのだろう。

三　フィリピンのマイノリティ

スコットは「文化的少数者の創出（The Creation of a Cultural Minority）」という論文のなかで、一九七三年にフィリピンで行なわれた「宗教変容に関する学術会議」でのきわめて印象的な出来事を次のように紹介している。それは会議のオープン・フォーラムでのこと、聴衆のなかにいたイゴロットの学生の一人が座長に対し「私たちが文化的少数者となる以前には…」という言葉で始まる質問をした。この発言はその会議に出席していた多くの人々を驚かせた。そして、それは何人かの人々にとっては無意味な発言とも思われた。なぜなら、人類学者や観光客はこれまでわれわれに「少数民族（少数者）」とそれ以外のフィリピンの人々との違いを、あたかもほとんど別の種の動物であるかのごとく強く認識させてきたのだから。そしてわれわれは、彼らが「文化的少数者でなかった時代」がかつてあったなどとは思いもよらないのだ（Scott 1982：28）。

イゴロットとは、植民者であるスペイン人がルソン島北部に居住する「山地民たち」を指して用いた言葉であるが、そこには侮蔑的な意味がこめられているという。この地域に住む人々を調査した初期の人類学者もこの「イゴロット」という用語を好んで用いており、それが多くの人にイゴロットの存在を知らしめる一つの契機ともなった。最近では、このイゴロットを政治的な意味をもって、ルソン島北部に居住する人々を総称する用語として使う人も多いが、いうまでもなく、このイゴロットと呼ばれる、あるいはイゴロットと自称する人々は、今でもフィリピンのマイノリティであり、厳密にいえばさらにいくつかの民族集団に分けられることになる。

フィリピンには全体として一七五の言語的グループがあり、これらのうち一〇〇万人以上の話者をもつ主要言語だけでも八つあるが、一般に、この八つを母語としている人々がフィリピンのマジョリティであって人口の約九〇％を占める。これに対し残りの一〇％の人々はいくつもの異なる小さな言語集団に分かれているが、多くの場合、この言語的な違いというものが「民族」を区別するうえで大きな意味をもち（池端・生田 一九七七）、言語的・文化的グループとしての民族集団を構成する。さらにフィリピンでは、宗教が民族を区別するうえで重要な意味をもっており、アジアでもっともキリスト教の盛んなフィリピンでは、人口的にもキリスト教徒の比率が大部分を占め多数派となり、山地民族やムスリムが文化的に少数者であることから、これを「文化的少数者」と呼んで区別している。言語的にマイノリティである残り一〇％の人々がほぼこれにあたり、ここにマジョリティであるキリスト教民対マイノリティである山地民族とムスリムといった対立ができあがる。

しかしながら、はるか昔から、常に彼らが「文化的少数者」であったわけではない。スペインの植民地時代においては、フィリピン人たちはスペイン人から異端者、異教徒、野蛮人などと呼ばれ、アメリカの植民地支配のもとでは非キリスト教民（Non-Christian Tribes）と呼ばれたが、やがて「長い植民地支配の結果、旧宗主国の文化的影響を強く受け、キリスト教化され似通った文化をもった人々が増加していったためにそれがマジョリティとなって、そうでない人々がマイノリティとなっていった」。こうして文化的少数者が創出され、フィリピンの部族（Tribal Filipinos）などと呼ばれるようになる。そして、最近では「先住の文化的共同体」とか、より政治的な意味合いを含んだ「先住民族」といった名称で総称されるようになった。この「先住民族」に対する権利を保障すべく先住民族権利法が施行されたことはすでに述べたが、実際の具体的な保障はまだ不十分であり、たとえ彼らに対する呼び名が変わっても、フィリピンという「国家」の枠組みにおいては彼らが政治的、経済的、そして文化的に周縁化されるマイノリティであるといった事実は依然として変わらない。そして、もちろんそれは「開発」の場面においてもしばしばみられるものである。

そこで、こうしたマイノリティである人々に対し、フィリピンではどのような開発が行なわれてきたのかを次に具体的な例でみてみよう。

四　開発と抵抗

(一) 抵抗の歴史

先に述べたイゴロットと呼ばれる人々が住むルソン島北部は現在、行政的に六つの州からなり、この六州でコルディリエラ特別行政区（Cordillera Administrative Region）を構成している。コルディリエラ山脈が縦断するこの地域はひじょうに天然資源が豊富で、金、銅、そして堅く良質な木材が産出されることでも有名である。しかし急峻な山岳地帯であるがゆえ、その多くは手付かずのままであったので、そこはフィリピン国家にとって、国家の経済発展に不可欠な貴重な天然資源の宝庫としての「未開拓地」でもあった。

歴史的に、後にスペイン人からイゴロットと呼ばれる人々は、彼らが到着するずっと以前からこの地に住んでいたが、当初スペイン人たちは、このイゴロットが低地民や中国人たちとの交易に用いる金に関心を示し、彼らを統制下におこうと何度か遠征部隊を送った。しかしいずれも強力な抵抗にあい、結局、スペインの直接的な支配が及ぶことはなかったが、やがてスペインに取って代わったアメリカがこの地に支配を広げ、イゴロットたちの土地で大規模な鉱山開発を行なうとともに、商品作物の栽培を奨励、彼らの土地に学校や教会、アメリカ兵や鉱夫のための保養施設などが次々と建てられるようになっていった。戦後、独立したあとも、今度はフィリピン政府が、彼らの土地に対する権利を無視したかたちで政策的に北部ルソンの開発を推し進めた。国家という枠組みにおいては、すべての天然資源は国のものであって、森林地や鉱物資源が存在する土地を個人が所有することはできず、これらの利用は国からの開発許可を得て初めて可能となる。そのためコルディリエラ地域でも、商業目的による森林伐採の権利や鉱物の採掘権が国から一企業に与えられ、さらに公共の福祉のために巨大なダムが建設された。なかでもマルコス政権の大規模な開発政策の一環として一九七〇年代に始まったセロフィル・リソース社による森林伐採は一〇年間にも及び、このことがイゴロットたちの生活に大きな打撃を与えただけでなく、環境面でも取り返しのつかない森林破壊を行なったと指摘されている。こうした状況のなか、イゴロットの人々は自分たちの権利を主張して反対運動を展開するようになるが、とくにコルディリエラ山脈の北東部を流れるチコ川の水力発電を中心とする「多目的ダムの建設計画」に対する住民の反対運動は世界的に知られる。チコダム計画はマルコス政権のもと一九七〇年代になって表面化し、建設計画の本格的な動きが始まると、彼らはそれによって先祖伝来の土地が水没し、独自の文化や社会生活が脅かされることを恐れ、それに対し激しい抵抗運動を展開したが、やがてこれがマルコス政権に対する国際世論の圧力ともなり、最終的にはマルコス政権の崩壊によって計画が中止された。しかし、こうした動きのなかで、フィリピン政府は国家の発展に必要な天然資源を守るため、「自分たちの」生活の糧と資源とを守ろうと闘うイゴロットの動きをしばしば軍事力によって封じ込めようとし、ここにたくさんの犠牲者を出したことはいうまでもない。

(二) 失地回復運動

しかし、必ずしもすべての先住民族がイゴロットのように自分たちの生活を脅かす開発に抵抗したり、それをストップさせたりすることができるわけではない。次に述べるパラワン族の例は、これまでそうした差別・抑圧に沈黙してきた人々である。

二〇〇三年の山形国際ドキュメンタリー映画祭にエントリーされた「神聖なる真実の儀式」は、そうしたフィリピン南部パラワン島に住むパラワン族の苦難を題材としているが、そこで監督は儀礼の深遠なる世界に触れるとともに、彼らの文化や土地が失われつつあるという現状を目の当たりにし、それを映像の世界で表現する。パラワン島では、一九五〇年代の政府主導による大植民計画によって移民人口が急増し、その結果、多くのパラワン族が土地を失った。移民たちは、パラワン島のマイノリティに立場が逆転した彼らを「文化的に遅れた人々」として見下すようになり、さらに天然資源の開発やアグリ・ビジネスを目的とした多くの企業がパラワン島に進出するようになって、ますます彼らは窮地へと追い込まれていく。とくにパラワン島では商業目的による森林伐採が盛んに行なわれ森林破壊が進んだが、一九八〇年代になって森林保護が叫ばれるようになっても、依然として不法で無計画な伐採が続いていた。こうした現状について彼らは、映画のなかで「脅かされて無理やり木を売らされる。わずかな金を受け取り市場で米や魚を買う。生きのびるためにはしかたない。土地を売るときも安く買いたたかれ、土地を売らないなら殺すと脅迫された」と証言する。映画の「神聖なる真実の儀式」というタイトルには「多国籍企業の進出や開発によってパラワン族が追い出された土地はもともと自分たちのものであったのだ」という真実を、儀式を通して追求していこうという思いがこめられているという。

写真 6-1　市場のすみで商売をするパラワン族

やがて、そうした監督の思いに呼応するように、これまで沈黙していたパラワン族やその周辺の先住民族たちが声を上げ始め、失った土地を取り戻すために話し合い、翌日からその範囲を確定するための測量を始めた。これは、自分たちの土地の所有権を政府に認めさせるために必要な作業であると同時に、それらが自分たちの土地であるということを皆で再確認するための重要な儀式でもあった。やがて地図が完成し、その報告会で人々は「一歩も引かず団結して闘いぬく、勝利するまであきらめない」と決意した。測量の二年後、手作りの地図を携え、マニラで彼らの代表が政府側と会談し、交渉は今も続いているという。

五　先住民族権利法と開発

(一)　先住民族と土地権

フィリピンでは、一九八七年憲法に加え一九九七年に先住民族権利法が定められたことによって、それまで周縁化されてきた先住民族に対する具体的な権利がここに保障されるようになった。先に述べたパラワン族の事例はこの先住民族権利法を法的な根拠とするもので、これまでさまざまな迫害に泣き寝入りをしてきたパラワン島の先住民族にとって、本法はその声を上げる精神的なよりどころともなっている。

本法では先住民族に対するさまざまな権利を保障しているが、そのなかで、実際的な意味においてもっとも重要な部分は先祖伝来の土地に対する権利の保障である。しかし、そこにはさまざまな問題があり、とくに開発との関係で大きな問題となるのは、先住民族の土地に対する権利に、そこにある天然資源に対する権利も含まれているということであろう。フィリピンでは先住民族権利法が施行されてまもなく、本法が憲法違反であるとして、前最高裁判事と弁護士の二人がその合憲性を問う訴訟を起こしたが、その争点の一つに、先住民族権利法で「先住民族が先祖伝来の土地における天然資源を開発する権利を有する」とするのは憲法上の「すべての天然資源は国家のものとする」という規定に反するという部分があった。結局、原告による訴えが却下され、最終的に先住民族権利法は合憲であると

【コラム】

差別と抑圧のなかで生きる

一〇年以上前になるが、フィリピンのマイノリティであるパラワン族の集落で一年ほど生活したことがある。彼らが住むパラワン島はキリスト教徒の移民がひじょうに多く、大きな道路沿いや町など比較的便利なところに住んでいるのは、ほとんどこうした移民たちである。それに対しパラワン族の多くは辺鄙な丘陵地に住んでおり、移民たちと比べてかなり貧しく、学校教育もほとんど受けていない。そのため彼らは、近くの定期市や町へ行って森の産物を売ったり必要なものを買ったりするさいにも、できるだけ移民たちに馬鹿にされないよう気を遣っている。私が住んでいた集落は州道から一時間ほど急な山道を上ったところにあるが、川を渡ったりぬかるんだ道を通ったりするので州道に出るまでにはドロドロになってしまう。しかし彼らは州道の近くの川で手や足を洗い、わざわざ持ってきた一張羅に着替え、普段は履かない靴をそこで履く。町へ出ても行く場所はだいたい決まっていて、同じマイノリティたちのたまり場や、長い付き合いのあるムスリムや移民

たちの商店だけである。市でも隅のほうに固まって同じ先住民族や観光客を相手に細々と商売をしている（写真6－1）。

ある日のこと、パラワン族の友人と何かの用事で町に出た帰り、いつものように集落の近くまで行ってくれる車を待っていると、いつのまにか低地移民たちが私たちのところに集まってきていろいろ話しかけてきた。最初は私も愛想よく応えていたのだが、彼らの質問攻めにだんだんと面倒になり、つい日本語で「うるさいな」と口走ってしまった。もちろん私が何をいったのか彼らには分からなかったが、パラワン族の友人がこっそり意味を聞いてきたので教えると、私が彼らに対し「うるさい」と言ったことがよほどうれしかったらしく、しばらく楽しそうに「うるさい」を連呼していた。もちろん、こんなことは彼女らにとってはほんの些細な出来事にすぎないのであろうが、私にとっては、これがパラワン島におけるマイノリティとしての彼女たちの生き様や低地移民との関係性、さらには私と彼女たち、そして私と低地移民との関係性を象徴しているような気がしてならず、今でもあのときの、あの彼女のうれしそうな顔を忘れることができない。

判断されたが、「この裁判は、鉱山会社が裏でかかわっている」などといったうわさが広まるほど、開発をする側にとっては深刻な問題であった。

（二）先住民族権利法と鉱山開発

実はフィリピンは、世界でも有数の鉱物資源の保有国であり、古くから各地で鉱山開発が行なわれてきた。そして、いうまでもなく、そうした鉱物資源はマイノリティないしは先住民族の居住する地域に多く存在している。森林開発とともに鉱山開発は発展途上にある国が「近代化」するためのきわめて重要な手段であるが、それはフィリピンにとっても同じであり、とりわけフィリピンの鉱山開発は、マルコス前大統領のもとでの徹底的な賃金抑制とそれに対する反対運動の弾圧もあって、一九六〇年代から七〇年代にかけて隆盛をきわめた。しかし、そこでは国の利益が優先され、イゴロットやパラワンの人々の事例でもみてきたように、しばしば先住民族の権利が無視されてきた。こうした開発は、一九八〇年代半ばに地域住民の強い反対や、鉱山開発に対する新たな投資の減少によってかげりをみせ始めるが、それにもかかわらず政府はこの鉱山開発こそがフィリピンの経済復興にとって重要であると考え、やがて外国からの投資を促進するための「フィリピン一九九五年鉱山法」を制定し、これを遂行することが何よりも国家の安定した収入と地方の雇用促進を約束すると考えた。しかしながら、この法令には環境面や社会面で多くの問題があるため、さまざまな市民団体による抗議運動が展開されており（Aida 2005）、とりわけ先住民族との関係でいえば、本法で「憲法に保障される先住民族の土地に対する権利を認め保護する」と述べつつも、憲法上の「すべての天然資源は国家のものとする」という規定により、その採掘や開発、利用の権利が国にあると強く主張し、そのプロセスも国の管理と統制のもとに置かれ、さらに国が直接その契約にかかわることができるとしている。もちろん、先祖伝来の土地で何らかの開発が行なわれる際には先住民族の同意が必要であるが、そこでは、それに対する具体的な規定はみられない。

それに対し先住民族権利法では、先住民族が「先祖伝来の土地における天然資源の採取、利用、開発に対する優先権をもつ」ことを確認し、外部の者が二五年を超えない期間、その開発に参加することはできるが、そのためには関係する先住民族の決定方法にもとづく同意のもとで正式に契約が交わされなければならないということになっている。先住民族権利法の実務機関である先住民族委員会にはその契約についての視察権があり、その権利を守るためにプロジェクトの中止や中断など、しかるべき行動をとることができるとされる。そこで先住民族委員会は、その手段の一つとして、開発にあたっては、あらゆる外部の干渉や強制から「自由な事前のインフォームド・コンセント」が先住民族から得られなければならないことから、それを明文化した承諾書の発行作業を進めている。しかしながら、現実には一九九五年鉱山法以降、多くの鉱山開発が新たに進められており、そこに十分な、自由なインフォームド・コンセントが得られているかどうかは疑わしく、さらなる承諾書の発行作業が望まれるところである。

六　幸福のための開発

これまでフィリピンの事例をもとに開発とマイノリティの問題をみてきたが、最後に、こうした問題を整理することで、「開発とはいったい何か」「いったい何のために開発をするのか」を考えてみたい。

フィリピンでは先住民族権利法が施行されたことによって、不十分ではあるにせよマイノリティの権利が徐々に守られるようになってきた。しかしながら、ここに規定される先祖伝来の土地に対する権利は、古くから採集狩猟を営んできたアエタのような人々にとっては、その移動性の高さや現在住んでいる地域の都市化によって実際にはほとんど意味をもたず、このような状況において、これまで全体社会のなかで周縁化されてきた採集狩猟民は、いまや先住民族権利法の想定する受益者たる先住民族のなかですら周縁化されてしまっているという。いっぽう、先住民族権利法のもとでの雇用に関する優遇措置では、アエタもその受益者となることができるが、このシステムを利用しようとするアエタの志願者の数が増え、実際にはその資格が怪しいものまで存在するという（玉置 二〇〇六）。先に述べたように、マイノリティないしは先住民族に属するかどうかの判断が「個人の選択の問題」というのであれば、この志願者はまぎれもなくアエタなのであろうが、こうした志願者が増加する背景には、フィリピンにおいてその大多数を占める先住民族でない貧困層もまた、政治的・経済的に周縁化されているという現実がある。しかし、ここでは先住民族でない政治的・経済的弱者に対する救済の術はない。

もちろん、すべての開発政策や援助がマイノリティにとって「悪い開発」だというのではなく、教育や保健など積極的な開発援助が期待される分野も多い。たとえばパラワン族では、自分たちの文化や歴史を公的な教育に取り入れ文化の保全をはかろうと思っても先住民族出身の教員はほとんどおらず、低地出身の教員がいてもそこでの生活になじめず、すぐにやめてしまうといった問題がある。また、パラワンでは基本的な衛生サービスが受けられないため幼児死亡率が高いし、貧困ゆえその多くは病気にかかっても医者にかかるお金がない。だとすれば、こういった問題を解決してくれる開発が「良い開発」なのだろうか。しかし鉱山開発にかかわる企業が学校や病院を作ってくれて、安定した雇用機会を提供してくれるとしたらどうだろう。彼らはこうした開発の申し出を喜んで受け入れるかもしれない。

そうしたジレンマのなか、何が「悪い開発」で何が「良い開発」なのかを判断することはきわめて難しい。しかし困難だからこそ、青柳がいうように「世界的な開発の波の中で、もはやどんな辺境に暮らす人々もそこから逃れることが難しい」といった現状においては、開発はまず「人間の幸福のために行われなければならない」と考える（青柳二〇〇〇）。何を幸福と考えるかもまた大きな問題であるが、人間の幸福に関して文化人類学がいかに貢献することができるか、そのためにどう人類学者がかかわっていくのか。それが、これまでマイノリティとして生きる人々をおもな研究の対象としてきた文化人類学者にとってのこれからのもっとも重要な課題の一つであろう。

【もっとくわしく知りたい人のための文献案内】

菊地京子編　二〇〇五『開発学を学ぶ人のために』世界思想社
開発にかんする基本的な知識と開発を見る客観的な姿勢を身につけ、複眼的発想法を習得するために、文化人類学、社会学、経済学の視角から開発というものを多面的に捉えている。

青柳まちこ編　二〇〇〇『開発の文化人類学』古今書院
開発に何らかの形でかかわる文化人類学者たちが「開発」の現場で文化人類学が果たすべき役割について、具体的な事例をもとに論じている。

リオール・ノラン　二〇〇七　関根・玉置・鈴木・角田訳『開発人類学―基本と実践』古今書院
国際開発プロジェクトにおける人類学の役割について、プログラムを計画・実行することにかかわろうとする人々を対象に、実務的視点を重視し、執筆されている。

七章　観光とマイノリティ――タイの山岳少数民族観光を中心に

ANTHROPOLOGY: FROM ASIAN POINT OF VIEW

片山　隆裕

【キーワード】
近代基本観光システム、ホストとゲスト、グローバリゼーション、山岳少数民族、持続可能な観光開発

一　はじめに

アメリカの人類学者ナッシュが「観光は現代世界において明らかに重要な社会的事実になりつつある」（Nash 1995）と述べたように、ヒト、モノ、カネ、技術、情報などの「グローバルな文化のフロー」（Appadurai 1990）の中で観光はさらに巨大化しつつある。観光は地球規模での新しい文化形態を生産する基本的な場となり（MacCannell 1992）、観光が展開する社会の伝統的な文化表象は、観光を通して断片化され、再構成されていくという状況が生まれている（山下　一九九九）。こうしたプロセスにおいて、観光客を迎えるホスト社会には文化をめぐるさまざまな問題が生じ、それを乗り越えるための試みが行なわれている。本章では、近代から現代にいたる観光発展のプロセスと観光人類学の課題を述べ、タイの山岳少数民族観光を手がかりに観光と文化とのかかわりについて考えてみたい。

二　近代以降における観光の発展

(一) 近代基本観光システムの成立—第一次、第二次観光革命

イギリスの社会学者アーリは「近代社会での大衆観光の大きな特徴は、あらゆる年齢層の大衆が基本的に労働と関係ない動機でどこかへ出かけ、何かにまなざしを向け、そこに滞在するということである」(アーリ 一九九五) と述べている。産業革命の成熟による余暇の増大、鉄道網の整備、旅行斡旋業者や近代ホテルの成立、万国博覧会の誕生など、文明システムのさまざまな装置系が整えられることによって、一九世紀の中頃に観光旅行の大衆化がヨーロッパで実現された (石森 一九九三)。旅の商品化 (旅行) への転換を推進したトマス・クックは一八四一年に世界初の海外旅行を企画し実行した。一八六〇年代半ばから始まる国内旅行の大衆化と海外旅行の長期化の進展は、大西洋横断海底ケーブルの開通、太平洋横断航路の開設、スエズ運河の開通と北米横断鉄道の全通などの「交通通信革命」と不可分の関係にある。またヴェルヌの『八十日間世界一周』(一八七三年) の出版によって写真が重要な役割を果たし始め、ピクチャレスクを通して世界の名所や諸民族への興味がかき立てられた。こうした第一次観光革命の背景には、ヨーロッパ列強などの帝国主義による植民地の拡大があった。この時期の国際観光は「植民地観光」という側面を色濃く担っており、帝国主義のディスプレイ装置として万国博覧会が各国で繰り返し開催され、少数民族や先住民族の展示も行なわれた。

二〇世紀に入り、一九二〇年代にアメリカの中産階級に海外旅行ブームがおきた。一九三〇年代の「通信放送革命」(電信、電話、ラジオの普及) は、欧米の中産階級の海外旅行を促進した。この時期のモータリゼーションの進展は、旅行のスタイルを大きく変えていった。一九世紀にヨーロッパからやってきた大量の移民の里帰りブームもあった。こうした第二次観光革命の背景には、シベリア鉄道全通 (一九〇三)、パナマ運河の開通 (一九一三) や、客船の大型化と高速化、飛行機や飛行船の発達などがあった。ヨーロッパ諸国では、第一次世界大戦前後に相次いで

政府観光局が設置され、一九二〇~三〇年代になるとカリブ海やハワイ諸島などで新たな観光地の建設が進められるとともに、アフリカにおけるサファリツアーやアジアの植民地の観光化が展開され始めた。こうした観光革命を通して、近代資本主義システムの一部として近代基本観光システム(Modern Basic Tourism System)の形成されていった(石森 一九九三、大谷 二〇〇六)。

(二)「観光の二〇世紀」と第三次観光革命

一九五〇年、国際観光客の数は約二五〇〇万人だった。一九六六年の国連総会で翌年を「国際観光年」とすることが決定された。同時期におけるジャンボジェット機の就航は第三次観光革命の決定的要因となり、世界の先進諸国は「マスツーリズム時代」に突入した。一九九三年には国際観光客数は五億人を突破、九・一一同時多発テロをはじめとする国際情勢の影響で一時落ち込んだが、二〇〇六年には八・四二億人にまで伸びている(WTO 2006)。

この間、北の先進国から大量の観光客を受け入れる南の発展途上国の多くは、国際観光の促進に力を入れ始めた。観光を通してナショナリズムの高揚が図られ、先住民族や少数民族が観光の場を利用して伝統文化の復興や経済的自立を図る動きも生じるようになった(石森 一九九三)。一方、発展途上国の観光開発は先進国の資本でなされることが多く、「新植民地主義」「新帝国主義」と批判される状況も生まれ、観光のマス化やグローバル化は、自然環境の破壊や汚染、伝統的生業の衰退、伝統文化の崩壊、売買春や犯罪の増加などの負のインパクトを生じさせている。こうした状況を受けて一九八〇年代になると「もうひとつの観光」が提唱され、自然環境や地元の人々にとって望ましい観光のありかたが議論され始めた。さらに「持続可能な観光」の創出がグローバルな課題になり、生態観光や文化遺産観光など新たな観光のありかたが重要性をもち始めている(石森 一九九二)。

日本では一九六三年に観光基本法が制定され、翌年海外観光渡航が自由化された。この年の日本人海外旅行者数は一三万人程度だったが、一九六〇年代から八〇年代にかけてのジャンボジェット便の就航、新東京国際空港の開港、円高の進行、新航空運賃制度の導入、関西国際空港の開港などを経て海外旅行者数は飛躍的に伸びていった。

三　観光人類学の課題

一九七四年、アメリカ人類学会のシンポジウムで初めて観光がテーマとして取り上げられ、その成果はスミスによって『ホストとゲスト―観光の人類学』(一九九二(一九九七))としてまとめられた。この本は、観光現象をホスト(観光客を受け入れる社会)とゲスト(観光客)とのかかわりにおいてとらえようとしたものである。これ以後、アメリカでは観光が文化人類学の研究や教育の中で確固たる地位を確保するようになり、日本でも一九九〇年前後から観光人類学が市民権を獲得してきた(図7-1参照)。

山下(一九九六)は、観光人類学の課題を以下のように整理している。第一に「観光を生み出すしかけ」である。観光客は日常の世俗的な労働の時間に対して労働から解放された余暇の時間に身をゆだね、観光を通してリフレッシュした後、再び労働の時間に戻っていくという時間構造が存在し、ここには文化人類学で馴染みの儀礼の構造――世俗的時間を停止させて聖なる時間を作り出す(リーチ 一九八一)――と同様の構造が想定されている。第二に「観光が社会に与える影響」である。観光はホスト社会にさまざまな影響を与えるが、観光開発の中で文化は商品化され、断片化されて、ホスト社会が損失を被ることもあるし、観光がホスト社会のアイデンティティ構築の場を提供する場合もある。第三は「観光が作り出す文化」である。観光用にデフォルメされた文化ショーや民族ショー、民芸品・工芸品などがその代表的なもので、観光を通して伝統文化が刺

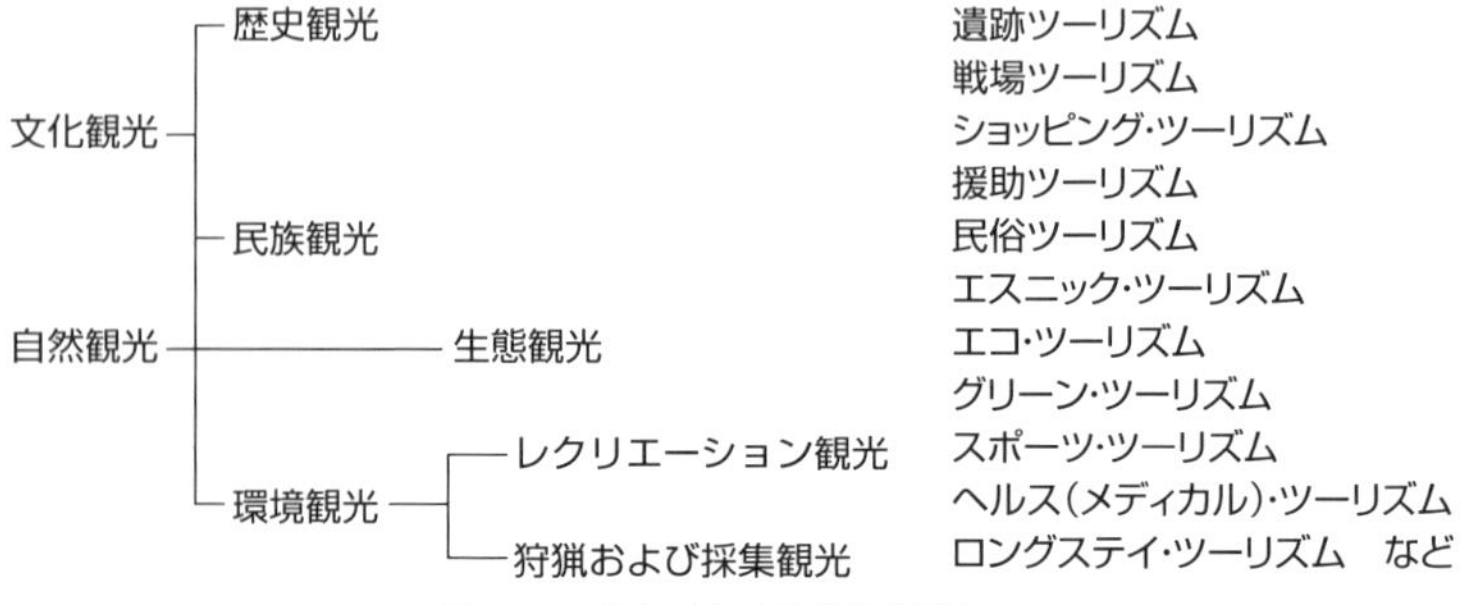

図 7-1　さまざまな観光の形態

(Graburn 1989：32, 葛野 1996：124 の一部および, 山下（編）2007 を参考に作成)

激された結果、再創造され、活性化されていくという側面があることも看過できない。また、観光が政治性を帯びる点も忘れてはならない。たとえば、ホスト社会についてのイメージは、しばしば権力者や観光産業エージェントなどによって切り取られ、歪められ、解釈されるが、そのことに対してホスト社会の人々が抗議の声を上げられないということがよくある。このように、現代世界における文化をめぐる新しい現象―文化の消滅、再創造、再編、活性化など―を明らかにするのに、観光は格好の材料を提供してくれるといえるだろう。

四　タイの山岳少数民族観光

表 7-1　タイを訪れる外国からの観光客数と観光収入の変化（1960 ~ 2006 年）
（『タイ国政府観光庁統計年報』『海外労働情報タイ』より作成）

	観光客数	観光収入（百万バーツ）
1960	81,340	196
1965	225,025	506
1970	628,671	2,175
1975	1,180,075	4,538
1980	1,858,801	17,765
1985	2,438,270	31,768
1990	5,300,000*	110,572
1995	6,951,566	190,765
2000	9,578,826	285,272
2004	11,650,703	384,360
2006	13,820,000*	482,319

*1990 年と 2006 年の観光客数は概数

（一）タイにおける観光産業の発展と山岳少数民族観光

第二次世界大戦後、タイ政府は観光インフラの整備に着手、「タイ観光機構」（TOT、後の「タイ国政府観光庁」（TAT））を設立し観光立国化を目指すが、ベトナム戦争期を経て、政府はさらに観光開発を奨励するようになる。一九八七年を「タイ訪問年」（Visit Thailand Year）として国際観光客誘致の促進キャンペーンをはり、これ以降タイを訪れる観光客は急増する（表7－1）。観光収入は主要輸出品目の米を上まわり、観光地もバンコクやその周辺地域の有名な仏教寺院、水上市場、歴史的遺跡だけでなく、チェンマイ、プーケットほか地方にも拡大し、北部の山岳少数民族村落もその目的地の一つとなった。

タイ北部の山岳地帯を中心に、タイ語で「チャオ・カオ」（山地民、山の民）と呼ばれる非タイ系山岳少数民族―カレン族、モン族、ミエン（ヤオ）族、ラフ族、アカ族、リス族など―が、約九十万人以上住んでいる。

山岳少数民族村落への観光が開始されたのは一九七〇年代前半であるが、七〇年代も後半になるとさまざまなトレッキングルートが開拓され、山岳少数民族は観光システムに組み込まれていく（Cohen 1996: 67-68）。旅行者たちは、パンフレットにおどる「未開」「無垢の」という現代文明や都市文化とは対極の生活様式に魅せられ、彼らに関心を抱くようになるのである。

トレッキングツアーの内容は、第一に起点都市（チェンマイ、チェンラーイ）から車や舟などで比較的アクセスしやすい山岳少数民族村落を訪問する「山地民村落ツアー」（Tribal Village Tour）があり、これは車での日帰りツアーや起点都市から車や舟で村を訪れる一〜二日のエクスカーションツアーに分けられる。二つめは「森のツアー」（Jungle Tour）と呼ばれアクセス困難な山岳少数民族村落を訪問するもので、三日間程度の標準ツアーとときに一〜二週間にも及ぶ特別ツアーに分けられる（Cohen ibid. :120-121）。

一九八〇〜九〇年代における観光産業構造の変化やマスツーリズム時代の到来によってトレッキングツアー参加者は増加し、毎年一〇万人以上の若者や中高年の人々がトレッキングに参加するようになった（Cohen ibid.: 15）。道路、インフラ、宿泊施設などの整備も進み、山岳少数民族村落へのアクセスは容易になった。一九七八年には一四社

【コラム】

象さんたちの観光活動—五〇〇万円の絵を描いたゾウ！

タイ北部の中心都市チェンマイから、一時間ほど車を走らせたところに「M」という象キャンプがある。ここには約八〇頭の象がいて、カレン族の象使いの男たちが訓練を行ない、観光客を背中に乗せたり、ショーを披露したりしている。象使いたちの中には、日本の童謡「ぞうさん」を歌える人もいるから驚きだ。それだけ、日本人観光客がたくさん訪れているということだろう。筆者はこの象キャンプを三〇回以上訪れているが、観光客向けに展開される象たちのショーも、年々多彩になりエンターテイメント性を高めている。かつて、タイの象は人や物の運搬、戦闘などに使用されてきたが、最近では、その仕事の内容もかなり変わってきたのだ。象た

ちのショーの内容は、長い鼻でハーモニカを吹きながら踊る、サッカーのＰＫ戦、鼻にくわえた絵筆で絵を描く、大きな丸太を積み上げるなど、多芸多彩である。そして、そのテクニックも年々上がっている。とくに、象たちの絵のうまさは圧巻である。中には、筆者のようにあまり絵がうまくない象もいるが、多くの象たちが、木や草花、自然の風景、象の自画像などを巧みに描くことができる。これらの絵は、五〇〇バーツからの値段で観光客に販売される。この象キャンプで、象が絵を描き始めた一〇年ほど前はいわゆる「抽象画」が多かったのだが、ここ数年はとても上手になっている。なんといってもすごいのは、二〇〇五年に象が描いたある絵に一五〇万バーツ（約五百万円）の値がつき、ギネスブックに認定されていることである。「パオーン！」という象たちの鳴き声が、たまに「稼ぐゾウ！でも、大変だゾウ！」と聞こえるのは気のせいだろうか？

だった旅行会社も一九九三年には百二〇社を超え、現在は二百社以上のぼると推定されている。

（二）山岳少数民族観光の影響

山岳少数民族は、観光に関するさまざまな活動——手工芸品の製作・販売、宿泊、歌舞の披露や写真撮影をはじめとする多様なサービス、物乞いなど——によって経済的利益を得る。たとえばチェンマイから比較的近いモン族のＤ村は多くの観光客が訪れるため、村中で土産物販売をしており、モン族の品物に加えてタイの一般的な観光土産品も売られている。観光の拡大は、対象村落への道路やインフラの整備につながる。Ｄ村内には山岳少数民族博物館があるし、国際電話が利用でき携帯電話もつながる。テレビはもちろんＤＶＤデッキなどを持つ家々がある村も増えている。しかし、Ｄ村のように多くの観光客が訪れる村とそうでない村には観光収入に格差が生じ、村の中にも格差を生むという事態も招くこともある。

観光の波が押し寄せてくると、山岳少数民族の真の伝統文化とは別に、観光客に「見（魅）せるための文化や観光空間」が生まれる。観光客はその空間に沿って村を歩く。途中、水パイプを吸う老人や伝統的衣装を着た女性や子供たちにカメラを向け、少しのチップを払い、まるでゲームをするかのように値段交渉を楽しみながら土産物を買い求める。ホスト社会の人々はこの空間で観光客に対して「演技」と「微笑」を提供し、伝統文化はデフォルメされ演出されて提示される。チェンラーイ県K村には、女性たちが首に真鍮のリングをはめるパダウン族がいる区域がある。二百バーツ（約七百円）の入場料を支払ってこの区域に入ると、微笑みかけるパダウン族の女性のそばには、旅行エージェントによって大量生産された布製のバッグや人形などが数多く並べられている。普段は静かに暮らしているリス族のA村（チェンラーイ県）を観光客が訪れると急ごしらえの露店ができる（写真7-1）。

写真 7-1　観光客が来たら急ごしらえの露店が開く（チェンラーイ県リス族Ａ村）

山岳少数民族は、観光客との接触を繰り返しながら観光客への対応を学ぶ。前出D村ではこの一〇数年間に子どもたちが「ハロー」だけでなく「こんにちは」「ニイハオ」「ボンジュール」「グーテンモルゲン」「アンニョンハセヨ」など、世界中の挨拶言葉を身につけるようになってきた。その背景には観光客の増加と国籍の多様化がある（近年では、タイ人の国内観光客も増加している）。ときに日本語で「安い！」「五つで千円！」などという具合に観光客に対峙する人々を眼にする。伝統的民族衣装は観光客の前でのみ、彼らが訪れたときだけに着用されるようになっていくのである（Cohen ibid: 84-85）。

好奇心——ときに危険をともなう——旺盛な観光客にとって山岳少数民族村落は魅力的に映る。タイ政府の撲滅政策にもかかわらず、観光客がアヘンに対して示す好奇心によって、山岳少数民族とアヘンや麻薬とのかかわりが再び懸念されている。観光収入によって錠剤型の合成麻薬や覚醒剤を入手したり、売りさばいたりする山岳少数民族もいると聞く。観光の浸透は、山岳少数民族の自己イメージや威信の喪失・破壊を招くこともある。観光客のまなざしにさらされ被写体となることによって、彼らは自らを対象やモノとして考えるようになるし、お金のために観光客の要求に従順に応じざるをえなくなるのである（Cohen ibid）。

写真 7-2　モン族の衣装を着て記念写真を撮る準備をする観光客（チェンマイ県D村）

山岳少数民族と観光客との接触は、ガイドを通じて間接的に行なわれることが多い。ガイドの多くはタイ北部出身者（コン・ムアン）で比較的若く、高卒程度の学歴を有し、ある程度の英語を話す（Cohen ibid: 94）。ただガイドといえども外部者であり、山岳少数民族の言語を話し、彼らの慣習や価値観や村について熟知している者は少ない。ガイドは彼（女）自身の立場を山岳少数民族に理解してもらうことに腐心し、山岳少数民族に対して自分の「（観光）客」たちにホスピタリティを示すよう仕向ける努力をしなければならない。山岳少数民族の言語が話せたり、村に友人や親戚がいたりすれば強みになるし、ときには山岳少数民族に贈りものをしたりすることによって村落にとけ込む努力をするガイドもいるが少数である。そのため、観光客は通常、短時間の滞在のなかで山岳少数民族について表面的な知識を得るか、ときに（ガイドを通じて）誤った知識を得て、村を離れることも少なくない。山岳少数民族村落への観光の浸透・拡大はさまざまな影響をもたらしてきた。プラスの影響もあるがマイナスの影響も少なくない。最後にこうした問題状況に対応する試みの一つを紹介してみよう。

五　持続可能な観光開発―アカ族のL村プロジェクト

(一) L村プロジェクト

村落開発、家族計画、エイズケアなど多彩なプログラムを実施しているタイ最大のNGO「人口地域開発協会」(Population and Community Development Association、以下、PDA)のチェンラーイ支部は、山岳少数民族に対する支援を行なっていることでも知られている。「将来の世代の資源や繁栄を害せず、人々に利益をもたらす開発であり、生態環境や当該社会の文化との調和を保ちながら進めていく開発」(山下 一九九九：一六七)としての「持続可能な観光開発」がPDAの支援によってアカ族のL村で実践されている(片山 二〇〇六)。

L村は、チェンラーイから車で一時間余のところに位置する人口約三五〇人の村である。「L村プロジェクト」と呼ばれるこのプロジェクトは、「もうひとつの観光モデルを創出して山岳少数民族自身の参加を促す」「山岳少数民族の文化保存を支援する」「実施村落の収入増進をはかる」ことを目的に、二〇〇〇年に開始された。PDAチェンラーイは、プロジェクト開始当初の資金を提供し、村人の訓練やアドバイスを行なってきた。また、観光客がアカ族の文化を理解するための情報キャプションを英語とタイ語で作成した。観光客がこの村に入村する際に支払うチケット収入(当初一人あたり四〇バーツ。二〇〇六年から八〇バーツ)は村銀行を通して村人に分配され、孤児、未亡人、老人などの生活支援に使われたり、他の山岳民族村落の観光開発プロジェクトとしても使用されるという。

現在、このプロジェクトは村人自身で運営しており、直接関与している村人は村の中の三五世帯から原則一世帯一名、計三五名(二〇〇七年三月現在)である。全体の統括者が一名おり、毎日八名程度の村人が一週間交替で関与する。この八名は訪問者センターの入村チケット販売、村内の案内、鍛冶屋、歓迎の踊り、機織りなどを担当し、観光客に対して村の生活を説明・展示する役割を担う。村の入り口の民芸品ショップでは村で作られたアカ族の伝統工芸品が販売されている。ビジターセンターではマルチメディア機器によってL村に関する紹介が行なわれており、観光客は村の概要についての「予習」をしてから村に入ることになる。

（二）L村を歩く

写真7-3　アカ族の文化を学ぶ日本の大学生たち（チェンラー県L村）

観光客は、まずビジターセンターで村の紹介DVDを観た後、案内のアカ族女性について細い道を登る。まず目に入るのは、男たちが作る動物捕獲用のわなである。村の入り口に立てられた門に向かって右手には精霊が住む神聖な森が広がり、観光客はここに立ち入ってはいけないと教えられる。ブランコ祭りで使うブランコを左手に見ながら男女一対の木彫り人形がある門をくぐり村に入ると、右手には鍛冶屋役の男性が仕事をしている。そのそばで村人四～五人による歓迎の踊りが繰り広げられる。女性たちがシンバル、鐘、竹の棒を鳴らしながら踊る。観光客も踊りに参加することができる。手にした竹を地面に突き立て楽器を打ち鳴らしながら、右に三歩、左に一歩、膝曲げを右一回、左一回の順に、踊る単調なリズムであるが、なかなか楽しい気分になる（写真7－3）。そばには、このプロジェクトで得られた収入を貯蓄する村銀行がある。村銀行のそばにもブランコが作られており、子どもたちがものすごい勢いで漕いでみせてくれる。とても上手い。ブランコのそばでは中年の女性が繭から糸を紡ぎ、アカ族の衣装を織ってみせてくれる。巧みな技だ。一着織り上げるのに約三ヶ月かかるという。貯水タンクがあり、オーストラリア政府の援助であると英語で書かれている。貯水タンクを左手に見ながら斜面を少し下ると、観光客に中を見せてくれる家がある。かつて（二〇〇四年）はなかったカラーテレビとＤＶＤデッキがあり、中国映画のＤＶＤディスクが置かれている（二〇〇七年）（注：この村の近くにはクンミンタン（国民党）の村があり、彼らと交流の中で中国語を話すアカ族も少なくなく、また、台湾に出稼ぎに行く人々もいる）。家の中には米の貯蔵場がある。家の中の空間は、入り口に近い男性用の部屋と奥の女性用の部屋に分かれている。家の外には昔ながらの米つき器があり、数羽の鶏と数匹の豚が戯れている。家のそばには果樹園がある。細い道を少し歩くと儀礼用の聖水を汲むための井戸があり、呪術師だけが水を汲めるという説明書きが見える。そこから細い斜面の道を登るとビジターセンターに帰ってくる。

プロジェクトの成果を筆者の友人Ａ氏（ＰＤＡチェンラーイ）は、「当初は伝統的な民族衣装を着用することをためらっていた村人たちが民族衣装をはじめとする自らの伝統文化に誇りをもつようになった。また、アカ族の伝統的な織物技術が復興したし、村人全員がプロジェクトから利益を得ているので物乞いがいなくなり、村人たちが自尊心と誇りを取り戻した」と語ってくれた。このような成果によって、Ｌ村プロジェクトは二〇〇二年四月に「第七回メコン観光フォーラム」（ミャンマー・ヤンゴン）でいくつかの賞を受賞している。

六　おわりに

山岳少数民族観光は当該社会にさまざまな負の影響をもたらしてきたが、近年の新たな観光のありかたを模索するなかで、「持続可能な観光」が開始され注目を集めている。ＮＧＯの支援によって開始された「Ｌ村プロジェクト」を通して、アカ族の人々は自信と誇りを取り戻した。山岳少数民族の伝統文化はそのすべてが観光に適合するわけではないが、観光が伝統文化を刺激し、伝統文化の復興や新たな文化創造に寄与したり、地域住民の自文化に対する意識を高めて、アイデンティティを育成・強化したりすることが可能な場合もあることを、このプロジェクトは示している。ただ、開始されて間もないプロジェクトは「両刃の剣」（前出A氏）という側面ももっており、うまくいかなければ村落崩壊がすすむ恐れもある。村人が外部世界との関係において微妙なバランスを保ちながら、今後自らのアイデンティティをどう構築していくか、プロジェクトが本当の意味で村に根づき、長期的な成功を収めるかどうかはまだ結論を出せる段階ではない。現時点ではこのプロジェクトは、山岳民族村落観光の一つのモデルとして、他の山岳民族村落の観光開発にも重要な示唆を与えているといえるが、観光開発という名のもとに地域住民が主体的にマクロな社会システムとの折り合いをつけていける状況が創り出されるかどうか、そのための人的・経済的支援やソフト面での支援が可能かどうかなどについての長期的な展望が必要となるだろう。

【もっとくわしく知りたい人のための文献案内】

橋本和也・佐藤幸男（編）二〇〇三『観光開発と文化――南からの問いかけ』世界思想社
青い海、白い砂浜、珊瑚礁と太陽――「南国」観光のイメージはいかに開発され、売買されるのか？　観光開発を文化研究の視点で批判的に読む意欲的論集。

石森秀三（編）一九九三『観光の二十世紀』ドメス出版
一九九〇年代、国立民族博物館で行なわれたシンポジウムの成果が結実した一冊。観光を通して世界の諸民族の文化の伝統と変容を知ることができる。

松井やより　一九九三『アジアの観光開発と日本』新幹社
アジアと女性に対する関心と愛情あふれる女性新聞記者による観光開発論。日本人の一人として考えさせられる一冊。

スミス、B　一九九二（一九七七）『観光・リゾート開発の人類学』（三村浩史監訳）勁草書房
観光をはじめて人類学のテーマとして取り上げたシンポジウムの成果をまとめた論文集。観光人類学に関心をもつ人にとっては必読の書。

山下晋司（編）一九九六『観光人類学』新曜社
世界の多様な観光現象に対する多彩な切り口が、平易な文章でわかりやすく示されている、日本ではじめての観光人類学の入門書。

山下晋司（編）二〇〇七『観光文化学』新曜社
右・山下（編）一九九六のバージョンアップ&アップデート版。この一〇年間の日本における観光研究と教育の広がりをカバーしている。

第四部
グローバリゼーションとエスニシティ

八章　グローバル化の中の国家とエスニシティ
――インドネシアと東ティモール、アチェの事例から

小鳥居　伸介

【キーワード】
グローバル化、国家、ネーション、エスニシティ、NGO

一　はじめに

今日、人・モノ・情報は国境を越えて、まさに「地球」規模で流通するようになった。日本でも近年、外国人労働者の導入、農産物の輸入自由化、IT革命の急速な進行など、いわゆる「グローバル化（グローバリゼーション）」にともなう諸事象・諸問題が日常化している。しかしながら、グローバル化といわれる現象自体は決して最近始まったものではなく、西欧近代の始まりからとしても二〇〇年～三〇〇年の歴史がある。ただ、上述したような近年の現象に限ってみれば、やはりIT化など、ここ二〇年ほどの、テクノロジーの急速な発達にともなう「時間と空間の圧縮（小林 二〇〇三）」による現象ということになるだろう。

こうした状況の中で、国境を越えたNGOの活動などのように、グローバルな市民意識が形成される一方で、一見それに逆行するかのような形で国家やネーション（国民・民族）、あるいはエスニシティ、すなわち国民国家における各民族集団の示す諸属性（綾部 一九八七）といった、従来の帰属意識が再認識され、より強化されるという事態もみられる。たとえば、最近の日中韓の相互作用におけるナショナルな言説の強化、日本人論・日本文化論といった「日本らしさ」、「日本のアイデンティティ」についての関心の深まりなど。こうした現象もじつはグローバル化のも

たらす作用の一面（脱領域化と再領域化のせめぎあい）であるといえる（小林二〇〇三）。

さて、グローバル化にともなう諸要因は国家・ネーション、エスニシティの形成・再形成に、また、国家とエスニシティの関係のあり方に具体的にどのように関係し、どのような影響を与えてきた（与えている）のだろうか。本章では筆者の研究対象とする東南アジア地域、なかでもとくにインドネシアと東ティモール、アチェにおける分離・独立問題を事例として、この問いについて考察したい。

一　東南アジアにおける国家とエスニシティ

東南アジアにおけるグローバル化の起源は、文明史的にみれば紀元前後のインド、中国との交流までさかのぼることができるが、とくに現在の国家・ネーションとエスニシティのあり方に直接影響を与えているのは、一六世紀以降の西欧諸国の進出とそれに続く植民地支配によるものが大きいといえる。

一九世紀の末頃までには、タイを除く東南アジア地域はスペイン、ポルトガル、オランダ、イギリス、フランスなどの西欧諸国の植民地になっている。この地域には大小さまざまの伝統的な王国は存在したが、いずれも植民地化以前には今日的な意味での領域的な国家ではなく、王宮や王都という中心によって規定され、境界の確定できないゆるやかな大・小王国群の連なりである、タンバイア（Tambiah 1976）のいうところの「銀河系的政体（galactic polity）」がみられるのみであった。

二〇世紀半ばの第二次世界大戦終結後、アジア、アフリカの旧植民地は次々に独立し、新興国家として再出発することになった。東南アジア地域でも、現在のＡＳＥＡＮ（東南アジア諸国連合）を構成する諸国は、ほぼこの時期に成立している。これら新興諸国は、すべて国内に多数の言語や慣習の異なるエスニック集団をかかえる多民族国家であり、国家・ネーションとエスニック集団の関係は、それぞれの国内事情や国際関係によって、融和・共存から緊張・対立まで、さまざまな様相をみせている。

もちろん、近代国家の成立以前から伝統的な国家群は存在していたが、それは前述のように領域的支配とは異なる、王の神聖性、王権の儀礼と象徴性にもとづく統治による「くに」の集まりであった。人々のアイデンティティ（帰属意識）も今日の「国民」（ネーション）とは異なり、より流動的、可変的なものだったといわれる。したがって、国家の支配とそれに抗するエスニック集団の分離・独立運動や自治権拡大運動が顕在化するのは、おおむね植民地時代の反植民地・独立運動をはじまりとし、植民地からの独立期以降（植民地化を免れたタイの場合もほぼ同時期の一九世紀末から二〇世紀期半）に及ぶ、新興国家成立以来のことである。

次節ではインドネシアを例にとり、このような国家・ネーション、エスニシティの問題について説明しよう。

三　インドネシアにおける国家とエスニシティ

オランダの植民地（オランダ領東インド）の版図を受け継いだインドネシア共和国は一九五〇年の独立達成以来、「ビンネカ・トゥンガル・イカ（多様性の中の統一）」をモットーに、国民統合をすすめてきた。インドネシアの公式ナショナリズムによれば、インドネシアは一つの民族（インドネシア語でバンサ、英語のネーション）からなり、その内部に言語、生活様式を異にし、「われわれ」意識をもつ多くのエスニック集団（インドネシア語でスク・バンサ）があるとされる（関本 一九九一）。すなわち、皆それぞれ異なるが、それらは皆同じなのである。

初代大統領スカルノから二代目大統領スハルトまでの時代（一九五〇〜一九九八年）は、後述するアチェやパプア（旧イリアン・ジャヤ）、東ティモール（一九七六年、ポルトガルからインドネシアに併合）の分離・独立問題は、国際社会ではジャーナリストや学者・知識人の一部で関心を集めていたものの、権威主義的な体制の下で厳しい情報統制が布かれ、その実情が広く知られることはなかった。しかし、一九八〇年代末以降のスハルト体制の末期には、人権NGOや国際ジャーナリスト、民主化支援諸団体などの努力によって、厚いベールの下の抑圧的な体制の現実が徐々に知られ始めていた。

こうした事態が大きく変わったのは、一九九七年のアジア経済危機を起因とするスハルト体制の崩壊による。これ以後、インドネシア国家権力・軍による東ティモール、アチェ、パプアなどでの数々の人権侵害や抑圧が明らかにされ、多大の犠牲を払いつつも、二〇〇二年にはパプア特別自治法の制定、同年東ティモールの独立達成、二〇〇五年にはアチェ和平の成立といった一連のインドネシア民主化にともなう動きがみられた。しかし、国家による抑圧・暴力の克服のための根本的な課題といえるインドネシア国軍への文民的コントロールの実現については、いまだに完全には達成されていない（ティウォン 二〇〇二）。また、インドネシア政府は依然として、東ティモールの独立は例外的な事例であると主張し、基本的にはインドネシア国家・民族の一体性を脅かすような分離・独立の動きは断固として認めないという姿勢を崩していない。

次節では、こうしたグローバル化の中でせめぎあう国家とエスニシティの具体的な様相について、東ティモールとアチェの事例を通してみてみよう。

四　せめぎあう国家とエスニシティ

（一）東ティモールの歴史と現状

インドネシア東部、ヌサトゥンガラ諸島の東端に位置するティモール島はオーストロネシア系、パプア系のさまざまなエスニック集団からなる多民族地域であるが、ポルトガルが到来する一六世紀以前には、西のティモール（ダワン）語を話すアトニ人と東のテトゥン語を話すベル人の二つの王国に分かれていた。この勢力区分が植民地時代のオランダ（西ティモール）とポルトガル（東ティモール）による領土分割に利用された（古沢・松野 一九九三、Nicol 2002）。

東ティモールは一六世紀初頭、ポルトガルの植民地になって以来、カトリックが布教され、公用語はポルトガル語、現地人の共通語としてはテトゥン語が使用されてきた。ポルトガル時代には数度にわたって、コーヒーの強制栽培や強制的な課税に反対する住民たちによる反植民地主義の反乱が起こされた。その後も日本軍による占領（一九四二～一九四五年）、ポルトガルによる再植民地化（一九四五～一九七四年）、インドネシアによる併合（一九七六～一九九九年）という、長い他民族や外国による支配が続いた（パクパハン 一九九九）。

東ティモールにようやく真の独立達成のチャンスが訪れたのは、インドネシアのスハルト政権が倒れた一九九八年からおよそ一年後のことである。一九九九年八月三〇日の住民投票による独立決定、それに続くインドネシア軍とインドネシア併合派の住民からなる民兵によってひき起こされた九月騒乱、その後の国連による暫定統治を経て、二〇〇二年五月二〇日、東ティモールは長い苦難の末に、ついに東ティモール共和国として、正式に独立を宣言した（高橋・益岡・文殊 二〇〇〇）。

東ティモールが独立を達成できた理由としては、インドネシアの政変に加えて、グローバル・イシューとしての人権侵害の告発や民族自決を求めるNGOなど、国境を越えた支援のネットワーク（TAN：トランスナショナル・アドボカシー・ネットワーク）の存在が大きい（井上 二〇〇七）。東ティモールは今日の国家とエスニシティ問題に関するグローバルなネットワーク（TAN）の影響力が確認されたケースである。

社会、文化的にみたとき、新興国家東ティモールにはいくつもの難題が控えている。まず、植民地時代の負の遺産として、長く続いたポルトガル支配の時期、教育の機会は限られた層にしか与えられず、道路などのインフラも整備されないままで、人々の暮らしは貧しく、経済発展は停滞していたことがあげられる（パクパハン 一九九九）。この停滞は独立した今日もなお影響を残している。

インドネシア時代になると、インドネシア語による教育が普及し、いわゆる「インドネシア化」がすすめられた。インフラの整備、開発も行なわれたが、民衆への恩恵はほとんどなく、開発の成果は権力に近いエリート層に偏っていた。そして、東ティモールの独立を望む人々に対しては厳しい弾圧、虐殺など、数々の人権侵害が行なわれた（高橋・益岡・文殊 一九九九）。

開発、発展という観点からみた時、人口わずか一〇〇万足らず、国土は九州より小さく、四国よりわずかに大きい程度の東ティモールには、オーストラリアとの共同開発により、ティモール海の石油・天然ガス収入が見込まれるものの、その他の天然資源は乏しく、コーヒーの他にめぼしい産業もないため、今後の展望は楽観できない（畑二〇〇六）。一九九九年九月の住民投票による独立決定後の民兵による暴力、破壊により、インフラは破壊され、産業、教育など、すべてにおいてマイナスからの出発を余儀なくされている（高橋・益岡・文殊二〇〇〇）。

今後の東ティモールの国民形成にとって、大きな問題となっているのが言語と教育である。前述したようにインドネシア時代の遺産として、現在の東ティモールではインドネシア語で教育を受けた世代が人口の約半分（四三％）を占めており、東ティモールの土着共通語であるテトゥン語（八二％）に次いで多い。すなわち、多くの東ティモール人は日常的にテトゥン語とインドネシア語を併用しているのである（松野二〇〇六）。

しかし、独立後の東ティモールでは公用語はポルトガル語とテトゥン語とされ、現在の話者が五％しかいないポルトガル語が教授用語とされた。その理由は現在の東ティモールの指導者たちの独立闘争時代における使用言語がポルトガル語であったこと、テトゥン語は教育用語として未発達であること、インドネシア語は指導者たちにとって二四年間のインドネシア支配体制のシンボルであり、公式には否定されるべきものであること、などがあげられる（松野二〇〇六）。こうした公用語をめぐるねじれ現象は、東ティモールの国民統合、社会発展にとって大きな阻害要因となっている。

写真 8-1　東ティモール初代大統領シャナナ・グスマンの就任を祝う横段幕

(二) アチェの歴史と現状

インドネシア共和国の西端、スマトラ島の最北端に位置するアチェは、インドネシアでもっとも早くイスラムを受容した地域として知られ、一六世紀から一九世紀にかけて、現在の州都であるバンダ・アチェを中心とするアチェ王国として繁栄した。その後、一九世紀末から二〇世紀初頭にかけて三〇年近くにわたりオランダの植民地支配に抵抗するアチェ戦争を戦い、日本占領後の一九四五年から四九年にかけてもインドネシアの再植民地化をもくろむオランダに対する独立戦争に加わった（Alfian 2006）。

こうした反オランダ闘争への貢献を認めて、インドネシア共和国政府はアチェ州に対し一九四九年、いったんは地域自治権限を与えたが、一九五〇年に入って一転し、北スマトラ州への併合が決まった。一九五三年、これに反対する元アチェ州知事ダウド・ブルエが率いる、イスラム国家樹立運動であるダルル・イスラム運動と連動した反政府反乱が起こった。一九五九年、アチェは宗教、慣習法、教育の自治権をもつ特別州の地位を与えられ、闘争は一九六二年に終結した（Sulaiman 2006）。

一九六五年九・三〇事件により、インドネシア初代大統領スカルノに代わって政権を掌握したスハルトは、中央集権的ないわゆる「開発独裁」体制を固めた。天然ガスなどの豊富な資源を有するアチェに対しても、自治とは名ばかりに、その富の大半を中央政府が吸い上げてきた。こうした体制への不満から、一九七六年、インドネシアからのアチェの独立を主張するハサン・ディ・ティロ率いる自由アチェ運動（ＧＡＭ）が組織された。インドネシア政府はこれに対し、直ちに武力による弾圧を開始し、多くのＧＡＭメンバーが殺害、逮捕され、いったん活動は鎮圧された（Sulaiman 2006）。

しかし、その後もアチェの人々の不満は収まることなく、一九八九年、ＧＡＭは再び蜂起した。インドネシア政府はＧＡＭ活動地域である北海岸沿いの三県（ピディ、北アチェ、東アチェ）を軍事作戦地域（ＤＯＭ）に指定した。一九九八年、スハルト政権の崩壊とハビビ新政権の発足にともない、インドネシアは改革・民主化の時代に入り、アチェにおいてもＤＯＭが解除され、いったんはアチェに平和が訪れるかにみえた。しかし、その後も、ＧＡＭの脅威がなくならないという理由で治安部隊は軍事作戦を継続し、ＧＡＭと無関係な民間人や、非暴力的な手段により民主化を求める市民活動家までもが不当に拘留、拷問、殺害される事態が続いた（佐伯 二〇〇五）。

一九九九年、ハビビ大統領に代わって就任したアブドゥルラフマン・ワヒド大統領は、初めてＧＡＭを政府の正式な交渉相手とみなし、二〇〇〇年五月、スイスのジュネーブでＮＧＯ（アンリ・デュナン・センター）の仲介によって、インドネシア政府とＧＡＭの間に「人道的停戦に関する合意」が結ばれた。しかし、国軍は和平交渉路線に反対し、軍事行動を止めなかった（佐伯 二〇〇五）。

二〇〇一年、ワヒド大統領に代わって就任したメガワティ・スカルノプトリ大統領は地方分権化の流れに沿って、アチェに対し財政配分の優遇、正副州知事の直接選挙、イスラム法の適用などからなる特別自治法を適用し、アチェ

【コラム】

パプア――独立運動のゆくえ

スハルト体制が一九九八年に崩壊して以後、東ティモール、アチェと同じく、インドネシアからの独立問題が浮上したのがパプアである。パプアはインドネシアの東端に位置し、ニューギニア島の西半分を占める。人口の多数を占めているのはインドネシア系諸族とは人種的、民族的に異なるメラネシア系のパプア諸族である（大塚 一九八七）。また、木材、石油、天然ガス、鉱物などの天然資源に恵まれており、「パプアはインドネシアの台所」とたとえられる（津留 二〇〇三）。

パプアでは、インドネシアに併合された一九六〇年代から独立派運動組織、自由パプア運動（ＯＰＭ）が、インドネシア国軍と武力対決を続け、多数の犠牲者を生んできた。スハルト政権が倒れ、パプア人の独立の願いは高まった。二〇〇〇年、当時のワヒド大統領は「パプア」を正式な州名として認め、旧称「イリアン・ジャヤ」は急速に死語と化していった。二〇〇〇年六月に州都ジャヤプラで開催された「パプア大会議」には、パプア各地から二万人近くが結集し、独立運動の熱気は頂点に高まった。しかし、二〇〇一年七月ワヒ

ド大統領が失脚し、メガワティ大統領に代わると、政府内では独立運動を弾圧する強硬派が台頭してきた。二〇〇一年一月一〇日、パプア独立評議会（ＰＤＰ）の指導者、セイス・エルアイが陸軍特殊部隊により殺害され、独立運動の勢いは表面上、失速した（津留 二〇〇三）。しかしその後も独立への人々の願いは止まず、二〇〇六年三月一六日、ジャヤプラでは学生のデモ隊と治安当局が衝突し、国軍兵士や学生ら五人が死亡した（ギアイ 二〇〇七）。

パプアでの人権侵害は、豊かな天然資源にからんだ経済利権と密接に関連している。外国やジャカルタの企業が大規模な資源搾取を展開しており、この広大な土地の本来の所有者であるパプア人はほとんど恩恵を受けずむしろ土地や資源へのアクセスを制限され、伝統的な生活の維持が困難になってきている。失った土地や資源に対して補償金が支払われることはほとんどなく、開発企業は警備のため国軍を配しているので、パプア人は抗議をすることもできない状況におかれている（津留 二〇〇三）。

このように、スハルト以後もパプアの悲劇は続いているのである。

特別州は「ナングロー・アチェ・ダルサラム州」と改称された。しかしながら、依然として治安部隊による暴力は止まらなかった。その後も停戦協定は守られず、軍事戒厳令下の治安部隊の暴力は、二〇〇四年一二月の津波災害の発生にいたるまで続いた（佐伯 二〇〇五）。

二〇〇四年一二月二六日、スマトラ島沖で起きた地震と津波はインド洋沿岸地域全体に大きな被害をもたらした。とりわけ、震源地にもっとも近かったアチェにおいては、死者一二六、九一五人、行方不明者三七、〇六三人（二〇〇五年四月七日時点）に達し、州都バンダ・アチェにおいても家屋倒壊率六五％という、未曾有の災厄を蒙った（佐伯 二〇〇五）。

これはたしかに大災害であったが、それと同時に「閉ざされていたアチェへの扉」を開くきっかけともなった。軍事作戦下、外国人の立ち入りが制限されていたこの地域に、津波による被災者支援のための国際的な援助機関や各国のジャーナリスト、ＮＧＯが一斉に入った。そして、これまでインドネシア政府が隠そうとしてきた国軍によるアチェ住民に対する暴力、人権侵害の実情にようやく光が当てられることになった（佐伯 二〇〇五）。

二〇〇五年八月一五日、インドネシア政府とＧＡＭは津波後のアチェ復興を可能にするための和平合意に調印した。甚大な津波被害への復興支援の必要性と国際社会のアチェ問題への関心の高まりが功を奏し、今回のアチェ和平は二〇〇七年九月現在までのところ保たれており、復興への取り組みは軌道に乗っているようにみえる。しかし、現地で活動するＮＧＯの報告によれば、現地のニーズを反映しない援助や、援助の不平等の拡がりなど、さまざまな問題が報告されている（インドネシア民主化支援ネットワーク 二〇〇六）。

写真 8-2　和平合意を祝い、伝統楽器ラパイを演奏するアチェの人々

また、今後の課題として、インドネシアに真の民主化が実現され、アチェをはじめとするインドネシア各地で行なわれてきた、また今も行なわれている人権侵害の事実が公正に裁かれることが求められる。この点に関しては日本もＯＤＡを通して、インドネシアの軍事独裁的な体制を長く支えてきたということ、またアチェの天然ガス開発も日本への輸出のために、日本のＯＤＡによって行なわれたという事実があることを忘れてはならない（佐伯 二〇〇五）。私たちはこうしたアチェの問題に関して、まさに当事者なのである。

五　おわりに

以上、インドネシアを例にとり、グローバル化の中での国家とエスニシティの問題をみてきた。人権の尊重、民族自決など今日のグローバル社会において尊重される諸価値は、インドネシアのような開発独裁的な体制が強い発展途上の多民族的な国家ではかならずしも尊重されず、むしろエスニックな、あるいは宗教的な少数派の集団に対する人権侵害や暴力の行使がアジア、アフリカ、中東など、世界の各地で多発している現状である。

グローバルな経済開発は世界的にみれば、いわゆる南北問題といわれるように、北の豊かな国（先進国）と南の貧しい国（途上国）の極端な格差を生んできた。そして、進展するグローバル化は南の国々の国内にもまた、富める中央と貧しい周辺の格差を生んだのである。これらは資本主義的な経済偏重のグローバル化がもたらした負の側面といえよう。

しかし、また同時にグローバル化のもたらした正の側面として、今日では国境を越えて活動するＮＧＯなどのグローバルなアドボカシー・ネットワークもまた発達してきている。彼ら・彼女らはインターネットを用いて、また直接支援対象国に入って、国連や国際社会との協力の下に、途上国の民主化支援、あるいは民族的、地域的な不平等や経済格差の是正などに多大な貢献を果たしてきている。

こうしてみてみると、グローバル化それ自体は一概に良いとも悪いともいえないようだ。現代に生きる私たちはその両面性を客観的に見つめ、それにどのように対処するかを一人一人がおかれたローカルな状況の中で考え、実践すべきなのである。本稿においては限られた事例を垣間見ただけであったが、東ティモールにおいて、あるいはアチェにおいて、いまだに理想的状態とはいえないにせよ、多数の犠牲の上にようやく達成されつつある民主的国家、あるいは平和的自治が、今後もパレスチナ、コソヴォ、クルディスタンなど、世界中の紛争地において実現されてゆくことを強く願いたい。

【もっとくわしく知りたい人のための文献案内】

綾部恒雄　一九九三『現代世界とエスニシティ』　弘文堂

アメリカ合衆国、東南アジアおよび世界における国家とエスニシティの諸問題に関する、著者の長年の研究を踏まえた概説書。文化人類学の視点からこの問題を考えるときに欠かせない視点を提供してくれる。

片岡幸彦編　二〇〇六『下からのグローバリゼーション「もうひとつの地球村」は可能だ』　新評論

グローバル化（グローバリゼーション）の問題について、欧米主導ではない「もうひとつの地球村」の可能性を模索する学者・NGO実践家たちによって書かれた刺激的な論集。NGO・NPO、その他多様な地域社会の主体によるさまざまな国や地域での取り組みが紹介されており、興味深い。

土屋健治編著　一九九〇『東南アジアの思想』（講座東南アジア学・6）　弘文堂

東南アジアの思想についてさまざまな角度から論じた論文集。伝統的な王権観念、そして近代のナショナリズムやエスニシティをめぐる考察は東南アジアにおける国家とエスニシティのあり方を考えるうえで示唆的である。

富田正史　一九九二『多民族社会』　晃洋書房

現代世界における国家とエスニシティの諸問題を考えるうえで、有益な概説書。人文、社会科学の諸分野を横断して世界の移民、植民地化、エスニシティなどの研究に関する幅広い知見が披瀝されている。

藤岡美恵子・越田清和・中野憲志編　二〇〇六『国家・社会変革・NGO』　新評論

国際社会の諸問題に対するNGOの貢献が顕著になってきた一九九〇年代以降の経験をふまえ、日本のNGO関係者たちが自らの活動を振り返りながら、国家とNGOの関係のあり方、開発、人権問題、アドボカシーなどのグローバルな社会変革に向き合うNGOの姿勢を問い直している。

九章　越境の民族誌——北朝鮮と中国

ANTHROPOLOGY: FROM ASIAN POINT OF VIEW

韓　景旭

【キーワード】
北朝鮮、中国、移動、越境、脱北

一　越境と北朝鮮人

現代はトランスナショナルな移動の時代といわれている。人類学とその周辺分野では、岩波文化人類学講座より一九九六年に『移動の民族誌』が刊行された頃から、「移動」というキーワードを使った刊行物や論文が目立つようになった。たとえば、人類学者も寄稿した『移動の地域史』（一九九八）や『「ヒト」の移動の社会史』（一九九八）などがそうである。そして本稿でも、国境を越えて移動する人びとを調査と研究の対象に選んだ。

人間は、よりよい生活を求めて故郷を離れ、国境を越える。こうした人びとの国際移動に伴い、民族社会の風景も急速に変化してきた。そして、このような移動のなかには、異民族社会への移動だけでなく、「同民族」によって形成された「異文化圏」への移動も数多く含まれている。本稿で取り上げる北朝鮮人による越境は、どちらかといえば後者の範疇に入るもので、北朝鮮から中国の朝鮮族社会への移動を指すものである。北朝鮮人と中国朝鮮族は、長年にわたって異なる生活環境のなかで暮らしてきたため、たとえ両者の言語や祖先的出自が同じであっても、生活習慣や思考様式において大きな隔たりができてしまったのである。

国家を一つのシステムと考えた場合、異なるシステム間の境界を越えた時、一体どのような現象が起こるのだろうか。まずは異文化接触による衝撃が起こり、次いでそれらへの対処行動がとられるだろう。人類は古くから国と国、文化と文化との間に境界を作り出し、それを越える者に対しては常に厳しく対応してきた。にもかかわらず、人びとが越境を繰り返すのはなぜか。労働の場を求めて、開発途上国から先進国へ移動する場合もあれば、自然災害や武力紛争、疫病の蔓延などによって人間としての生存が脅かされ、やむなく住み慣れた土地を離れる場合もある。

今日の北朝鮮人による越境は、主に二種類に分けることができる。一つは、密輸など経済的な活動に関わっている人たちによる越境であり、もう一つは、生存権を脅かされた人たちによる越境である。越境の目的は、初めはやはり食糧や金銭の獲得が第一であった。もちろん、これは現在も基本的には変わっていない。だが、近年では「飢餓」以外の理由による越境が特徴となっている。筆者が行なった面接調査で分かったことは、彼らの多くはすでに何度も中国に越境しており、中国当局に捕まり、強制送還され、北朝鮮で拷問を受けた経験をもっている。北朝鮮での長期に

【コラム】

北朝鮮の概況

正式な国号は「朝鮮民主主義人民共和国」で、首都は平壌（ピョンヤン）、面積は一二、〇五四平方km、人口は二、三〇〇万人余り（二〇〇六年）である。

政治の面では、マルクス・レーニン主義を応用した「主体（チュチェ）思想」が重んじられ、朝鮮労働党による一党制がとられている。「建国の父」金日成の没後、長男の金正日が事実上の元首「国防委員会委員長」に就任し、党の総書記を兼務している。

朝鮮半島では、歴史的に何度もさまざまな国が分裂、統一を繰り返してきた。半島北部は漢、元など半島外の勢力による支配を受けたり、高句麗や渤海国のように半島北部から中国東北部にまたがる勢力をもった国家が存在したこともあって、その歴史は複雑である。ただし、高麗王朝以降は統一国家が持続し、朝鮮王朝期には朝鮮の地域範囲が確定した。

朝鮮王朝（大韓帝国）は、一九一〇年に明治政府による朝鮮合併によって姿を消し、日本（大日本帝国）の植民地となった。第二次世界大戦において宗主国の日本が敗北し、一九四五年九月の降伏文書調印により正式に日本の朝鮮半島支配は終了したが、終戦直後から、北緯三八度線以南をアメリカ合衆国（米国）に、三八度線以北をソビエト連邦（ソ連）に占領され、それぞれの軍政支配を受けた。その後、南部では米国の支援を受けた「大韓民国」（一九四八年八月）が成立し、北部ではソ連の支援を受けた「朝鮮民主主義人民共和国」（一九四八年九月）が成立した。

国民の休日は、「一月一日：元旦」「二月一六日：金正日誕生日」「三月八日：国際婦人デー」「四月一五日：金日成誕生日＝太陽節」「四月二五日：朝鮮人民軍創設日」「五月一日：メーデー」「七月八日：金日成命日」「八月一五日：解放記念日」「九月九日：建国記念日」「一〇月一〇日：朝鮮労働党創立日」「一二月二七日：憲法節」となっている。

わたる耐乏生活に展望がもてなくなったり、または中国で精神的な解放感を味わい、北朝鮮では従前のように暮らせなくなったりなど、越境の理由はさまざまであり、食糧や金銭といった物質的な欲求以外に、将来への展望や解放感といった精神的な欲求が強まったことが近年の特徴となっている。

中国に越境した北朝鮮人のなかには、さまざまな困難を経験しながらも、中国という異文化社会のなかで生きていくことを決意している者が多い。それと同時に、異国での生活に適応しきれず、犯罪にはしる者もいる。麻薬の密輸、強盗、殺人などの凶悪犯罪も時折発生し、中国当局のみならず、一般住民からも次第に警戒されるようになっているのが現状である。

以上のような脱北者の今日的状況を踏まえつつ、本稿では、まず北朝鮮人による越境・脱北の背景と要因について概観し、それから具体的な聞き取り調査の内容を通してそれらを検証していく。

二　脱北の背景と要因

一九九〇年代中期より、北朝鮮の食糧難が深刻化したことを契機に、中国に脱出する北朝鮮人が急増し、「脱北者問題」が次第に注目を浴びるようになった。それはやがて北東アジアの秩序と平和にも影響を及ぼしかねない国際問題にまで発展し、関係諸国の注意を喚起するまでに至った。なお、今日における脱北の原因はさまざまで、食糧難のほかにも、外部情報との接触や北朝鮮内における社会的逸脱者の増加、価値観の変化などが挙げられる。

二〇〇二年五月八日、中国瀋陽の日本総領事館に北朝鮮人難民一五名が駆け込みを図った。その映像は脱北者支援NGOの手によって撮影され、テレビを通じて多くの人びとに衝撃を与えた。この「瀋陽事件」により、日本国民も脱北者の存在を知るようになった。それ以来、同様の駆け込み事件は増加の一途をたどり、北朝鮮を囲む東アジアの国際情勢に大きな影響を与えた。

現在、数万ないし数十万の北朝鮮人が国境を越えて中国に暮らしているといわれ、中国東北部や北部の各都市では、片言の中国語を話しながら、朝鮮族経営のレストランやバーで働いている北朝鮮人女性たちの姿を見ることができる。また農村部においても、とくに朝鮮族の集居地では、中国籍の朝鮮族と結婚（多くは同棲）している北朝鮮人女性が急増している。彼女たちのほとんどは不法越境者であり、なかには偽造戸籍を闇市で入手し、中国当局の監視の目から逃れている者もいる。また、脱北者と称される人たちの大部分は、まず豆満江と鴨緑江を渡って中国に脱出し、それから韓国行きを考えるのが一般的である。

一九九五年頃に北朝鮮で大規模な水害が発生し、脱北者が急増し始めると、北朝鮮側の国境警備も俄然厳しくなり、越境者が国境警備隊員に捕まり、悲惨な目に遭う事件が急増した。警備の緩い地帯は川の流れが急で、よほど泳ぎが堪能でないと渡江は危険である。川幅の狭いところも多いが、そういった場所に限って厳重な警備が敷かれるようになった。

一方、国境警備隊員たちの生活は大変困窮したもので、彼らもあらゆる手段で金銭を手に入れようとしている。たとえば、越境企画者から賄賂金をもらい、北の住民を中国に脱出させることがその一例である。もちろん、このような行為が暴露されると、計画に加担した者は軍事紀律に従い除隊もしくは投獄されることになる。なかには、警備隊員に賄賂を渡し、運良く中国に渡れる者もいるが、逆に金銭だけ騙し取られてしまう者も少なくない。

近年はまた、越境の手助けを専門にしているブローカーが国境地帯に暗躍している。初めて中国に渡る人たちにとって、言葉や土地勘の問題があるため、ブローカーに金を払って渡江するほうが安全であることはいうまでもない。金がない場合は、目的地にたどり着いた後、親類や知人から金を借りてブローカーに渡すこともある。なお、朝鮮北部の住民にとって、中国東北部に親類や知人がいるのは別段珍しいことではない。

脱北者は中国で、朝鮮族と韓国人の庇護と援助が比較的簡単に受けられ、食糧品やその他の生活必需品を入手してから北朝鮮に戻ることもよくあるが、引き続き中国内に滞留するケースも多い。北朝鮮に戻る人たちのなかには、越境を繰り返しながら生活をしている者が多く、中国内に留まる人たちのなかには、韓国への脱出を希望している者が多い。しかし、運良く韓国に行ける者はごく僅かで、大部分はやはり中国に残り、生活の基盤を築くことになる。そして彼らの多くは、やがて中国での生活にも慣れ、子孫を含めて、最終的には中国人の一部となっていくだろうと筆者は予想している。

写真 9-1　中・朝国境の川「図門江」、対岸の山のほうが北朝鮮

三　事例インタビュー

（一）女性B氏の場合

一九九八年、筆者は吉林省長春市において、知人に紹介してもらった一人の脱北者についてインタビューを行うことができた。彼女は一九九五年に中国へ脱出し、当時は朝鮮族経営の飲食店で仕事をしていた。年齢は二〇代後半で、中国語が堪能であった。以下はその時に収録した筆者との会話の一部である。

――まず、中国に来た理由について教えてください。

Bさん：私の出身地はピョンヤンです。一人の母方叔父が戦前から韓国にいるのですが、そのことが北朝鮮政府に知られてしまいました。私の家族は「越南者家族」（韓国に親類をもつ家族）のレッテルを貼られ、政府からさまざまな迫害を受けるようになりました。両親はともにピョンヤンで労働党幹部でしたが、南に親戚がいることを理由にすべての職務を解かれたうえ、ピョンヤンから地方に追放されてしまいました。そのような不公平な仕打ちをされた両親は腹を立て、私にまず北朝鮮から脱出するように命じたのです。約三〇年間も朝鮮の人民や労働党に奉仕してきた親でしたが、晩年にまさかこのような不幸に見舞われるとは夢にも思わなかったのでしょう。

――叔父さんと連絡がとれましたか？

Bさん：はい。去年の暮れに北京で知り合ったある韓国人に頼んだら、一カ月もしないうちに叔父の消息を知ることができました。電話のなかで叔父は泣きじゃくり、私も泣きました。叔父は普通の会社員ですが、私に中国のお金で約六、〇〇〇元（約一〇万円）送ってくれました。母にも近い将来、中国で叔父と再会してほしいのですが、なにしろお金がかかりますので、そう簡単には会えないと思います。

――お金さえあれば、お母さんも国境を渡って中国に来られるということですか？

Bさん：そうです。わざわざ人目を盗んで川を渡らなくても、いまや国境警備隊員にいくらかお金を渡せば、誰でも簡単に国境を超えることができます。また、最近はブローカーにお金を渡して中国に渡る人も多いです。女性の場合は連れて来られて、へんぴな田舎へ売り飛ばされることも多いです。なかには、中国の戸籍を入手させ、中国人に偽装させて韓国人に売る場合もあります。

――あなたは中国の戸籍をもっていますか？

Bさん：はい、二つもっています。

――二つもですか？

Bさん：そうです。念のために、違う名前で二つ買っておきました。

――戸籍を買うのにいくらかかりますか？

Bさん：一つ買うのに六、〇〇〇元（約一〇万円）かかりました。

――それなら、あなたはもう「中国人」ですね？

Bさん：戸籍上はそうです。中国に来たら、どんな代償を支払ってでも、まずは戸籍を手に入れなければなりません。安全に生きるために必要なのです。私は中国の戸籍をもっていますので、外国にも行けます。でも、いつかは故郷の北朝鮮に帰って暮らしたいと思っています。

――話は変わりますが、越境者が国境地帯で逮捕、もしくは強制送還された場合はどうなりますか？

Bさん：北朝鮮はまだ共産主義体制の国ですから、たとえ捕まっても罰金を徴収されるようなことはありません。目的は過ちを犯した人を改造することにありますので、監禁して殴ったりするくらいで、罰金を徴収したりはしません。しかし最近は、国境警備隊もあまり人を捕まえようとはしません。みな生存のために国境を渡っていることを彼らもよく知っているからです。国境警備隊は、われわれが強制送還されたら自分たちにも迷惑がかかるので、くれぐれも中国の国境警備隊に捕まらないようにしてくださいとよく言ってくれます。ただし、北朝鮮から金品を持ち出す者については、見つかり次第、重罰に処します。

——北朝鮮での生活について少し話してもらえますか？　たとえば農民の生活状況とか。

Bさん：私が学校行事でピョンヤンから農村へ行った時の話ですが、トウモロコシだけのご飯やお粥を食べていました。スープは味噌も醤油もなかったので、白菜に塩だけのものでした。まれに味噌を見ることもありましたが、それはトウモロコシで作った白い味噌で、大豆味噌とはまるで違っていました。子供たちがお菓子や飴を食べたり、大人たちが酒やたばこをのんだりする光景は一度も見たことがありません。農村支援のとき、初めはトウモロコシご飯が喉を通らなくて大変でしたが、農民たちからなぜこんなに美味しいものをまずいというのかと言われました。つまり、自分たちはそれも満足に食べられないとのことでした。そのとき、私は初めて我が国の農村と都市があまりにも違うという事実を認識しました。

(二) 男性N氏の場合

筆者は二〇〇三年九月に、中国山東省において、地元のキリスト教会を通じて紹介してもらった三〇代後半の脱北者N氏に対して、集中的な聞き取り調査を行うことができた。インタビューに応じてくれたN氏は、一九九六年から約三〇回にわたって中朝国境を行き来しており、越境問題についても自分なりの考えをもっていた。越境の背景と理由に関するN氏の口述をまとめると、およそ以下のようになる。

北朝鮮人は最近まで、国からさまざまな生活保障を受けながら暮らしてきた。国民もまた国のために貢献すべきだという意識と原則のもとに仕事をしてきた。私が軍隊に入る前、父は工場の資材課で管理人として働き、母は病院で医者として働いていたが、われわれ五人兄弟を養うのにとくに困難はなかった。ところが、一九九三年に私が一〇年余りの軍隊生活を終えて帰郷すると、配給が半減し、貧富の格差も大きく広がっていた。私はただ、アメリカなど帝国主義者らによる経済封鎖と、人びとの勤労意欲の低下によるものだと当時は思っていた。だが、原因はそれだけでなく、自然災害により農業が大きく破綻し、労働者への配給も滞るようになり、人びとは食料難に苦しむようになっていった。

初めはどうしたらよいか分からなかった人も多かった。一部の人は時代の変化についていけず、疾病や飢餓で一人また一人と倒れていった。また一部の人は、経済難で苦しみつつも気を引き締めて新たな生活に適応していった。生き残りをかけた作戦は、都市と農村とでは異なっていて、都市では配給が途絶えたため、職場を離れて行商をはじめる者が増え、農村では自宅で酒を密造する家庭が増えた。しかし、生活力のない人たち、とくに老人や子供、病弱な人たちは次々に死んでいった。こうした状況のなかで、一部の人は生命の危険を冒して中国への脱出を図った。巷では、今日は誰それが死んだ、誰それは中国に脱出した、あるいは捕まった、どこそこの家には泥棒が入った、などの噂が絶えなかった。そこで、私もいろいろと考えたすえに、中国へ行くのが最善の方法だと判断した。

捕まることなく中国へ行って来た人たちの話も多く、中国はまるでこの世の天国のように豊かな国だということもよく耳にした。「中国人は真っ白なご飯だけを食べている」「肉はいつでも食べられる」「中国では動物にも穀物を食わせ、犬にもご飯を食わせている」「百貨店や個人の家にはわれわれが生まれてこの方見たこともない品物でいっぱいだ」「道端で食べ物を拾いながらでも生きていける」。一度食べたら次の食事が心配となる人たちにとって、それこそ夢のような話ばかりで、人びとの尽きない欲望を喚起した。

親しい仲間同士で集まると、必ずといってよいほど中国に関する話が話題の中心となった。もちろん、法的な制裁が怖くて話さえできない者も多かった。渡江に失敗して捕まったら、まずは反逆罪に問われ、監獄に放り込まれ、生涯にわたって政治面での汚名がつきまとうことになるからだ。実際に捕まって投獄された知人がいて、一体いつになったら釈放されるのか、誰も知らなかった。最初の頃は、よほど勇気のある者以外は国境を渡ることについて具体的に考えられなかった。ところが時間が経つにつれ、餓死するよりは一度生命を賭けて脱出してみたいと考える人が増えるようになり、また脱出に成功した者も一人、二人と身近に現れるようになった。まれに捕まる者もいたが、無事に国境を渡る者のほうがずっと多かった。

ほとんどの人は経済難を克服するために国境の川を渡った。もちろん、国家に対する嫌悪感をもって越境する者もいたが、それはごく一部に過ぎなかった。大多数の人は、「私一人の口を減らすだけでも家族の経済的な負担が減る」

写真 9-2　中国東北部に点在する「北朝鮮レストラン」の一つ、来客のためにステージショーを披露。

とか、「このままでは餓死してしまう。まずは生きることだ」というような理由で国境を渡った。

中国に脱出して定着した人の大部分は女性であり、男性は中国に渡ってから再度朝鮮に戻るケースが多い。女性の場合は中国で足場を固めて暮らす方法はいくらでもあるが、男性の場合はそうはいかない。周知のように、中国の多くの成人男性、とくに農村部の男性には結婚したくても相手のいない人が多い。農村の若い女性はよりよい生活を求めて都会や海外へ行ってしまうからである。そのほかにも、若い女性は都会の遊興業界で働くことができる。

それに対して男性は、職場がつねに不足しており、朝鮮族男性の中にも、仕事がなくて毎日ぶらぶら遊んでいる者が多い。それから、放浪している朝鮮人男性にとって、立場上家を借りること自体が困難なことである。仮に家を借り得たとしても、長期的に家賃や光熱費を支払う能力のある者は少ない。そのため、犯罪に走る者も多い。真面目に働きたくても、漢族社会のなかで働くにはまず言葉の壁がある。それでも、何回か国境を行き来するうちに、朝鮮族を通じて日雇いの農作業をしながら若干の金を稼ぐことができた。田植えと刈り入れの季節には、日雇いの仕事を見つけることができるため、朝鮮の男性が国境を渡る場合が多い。しかし、身分的には不法滞在になるため、あらゆる面で気を付けなければならないし、また心ない一部の中国人によって搾取されることもある。ひどい場合は賃金すら払ってもらえない。

心優しい人たちから食べ物や衣服を恵んでもらったり、場合によっては運良く仕事場を紹介してもらったりすることもあるが、最近は越境者があまりにも多いため、そういうことも少なくなってきた。凍てつく一月の寒さのなか、町で寝る場所もなく彷徨していたとき、愛の手を差し伸べてくれた人がいたことについては、いつまでも感謝したい。

中国に渡る前の夢は一応実現したと思う。なぜなら、食べて、生きていけるからである。中国に渡ってからさまざまな困難に直面したことは事実だが、食べる面では最初からほとんど問題がなかった。だから、さまざまな危険や困難を克服して脱出に成功した人びとにとって、その目的は一応実現したことになる。

(三) 女性Y氏の場合

二〇〇六年八月、筆者は同じく中国山東省において、脱北に成功した三〇代後半の女性Y氏から、中国に脱出する前の具体的な生活ぶりについて話を聞くことができた。以下は彼女の口述を一部要約したものである。

私は、咸鏡南道新浦市のとても平凡な家庭で二番目の娘として生まれた。私の家族は八人で、父、母、一人の弟を除いて全員が姉妹である。

一九八七年八月、一八歳のときに学生生活を終え、社会生活を始めることになった。私はクラスの仲間たちとともに、海辺のある養殖工場に配属されることになった。養殖は決して容易な仕事ではなかった。重いゴムの防水服を着て海辺に出て行き、海苔や昆布の養殖に携わった。私は誰にも負けず、いつも先頭に立って仕事をするように心がけた。上司や周りから仕事ぶりを褒められ、いつも嬉しい気持ちで家路についた。

私の母は、春になると山に行って山菜を採って売り、薪も売った。われわれも母のように熱心に働けば、いつかは他の人のように立派に暮らせるだろうと考えながら、姉妹たちも皆懸命に働いた。

しかし、現実は理想と違って、一年また一年と歳月が流れても、暮らし向きは一向によくならなかった。父はずっと前から病気で倒れていた。私は卒業してから、一度も新しい服を着たことがなかった。いつも姉が着ていた服を着て仕事に出かけた。一日働いて帰宅したら、母が食事を準備してくれ、ご飯を食べると寝て、起きるとご飯を食べて仕事に出かけた。

一九九五年あたりから、配給が突然減り始め、真面目に働いても食糧がもらえなくなった。私は他の人たちと同じように、なにか商売をしようと考え始め、しだいに欠勤も多くなった。商売資金は一銭もなかったが、とにかく祖母と伯母のいる清津（中国との国境付近にある経済特区）へ行ってみることにした。しかし、清津へ行くのには「通行証」が必要だった。そんなものを取れるわけがない。私はとにかく家を離れたかった。方法はただ一つしかない。徒歩で険しい山を越えることだった。

私はついに目的地までたどり着いた。祖母を助けてご飯を作ったり、薪を取りに行ったりしながら楽しく過ごした。そしてある日、私は祖母にどうすれば金を儲けることができるかとたずねた。祖母は、駅前に行けば石炭や食糧の商売をしている人たちがいると言い、その仕事を少しずつ手伝いながら暮らしている人も多いと話してくれた。

翌日、私は朝早く起きて祖母にご飯を食べさせたあと、一〇㎞ほど離れた列車の駅まで行ってみた。駅前には大勢の人が仕事を求めて集まっていた。

毎日駅前に行っているうちに、私にも知り合いがだんだん増えてきて、彼らに頼んで石炭や食糧を売る仕事を紹介してもらうことができた。そして、いつの間にか一年が過ぎてしまった。母と姉妹たちはどのようにして暮らしているのだろう。私はだんだんと心配になってきた。お金が少し溜まってきたので、私は一度家に帰ってみようと思った。

食糧袋を背負い、祖母と別れの挨拶をして駅に向った。列車の出発時刻表を見ると、「未定」となっていた。一日、二日、三日が経っても列車は来なかった。重い食糧を持って山道を歩くこともできない。

仕方なく祖母の家に戻った。それ以来、いくら駅に行って待っていても、汽車は一向に来なかった。家に持って行こうとした食糧は少しずつ減り、いつの間にか一袋を全部食べてしまった。祖母は病に倒れ、歩くこともできなくなった。ある日の朝、私は食事のため祖母を起こそうとした。しかし、祖母の体は石のように硬く、びくともしなかった。私は慌てて近所に住んでいる伯母に知らせたが、そのときに祖母はすでに死んでいた。

祖母の葬儀を終えてから、伯母は突然私に「中国に行かないか」とたずねるのであった。私はその話を聞いた瞬間、開いた口が塞がらなかった。私はただ金を稼ぐ方法について考えているだけで、危険を冒して国境を越えることについては考えたこともなかった。

伯母が言うには、中国では一日働くだけで米が一袋買えるとのことだった。私はその話を聞いた瞬間、ただぼっとするだけで、何も言えなかった。しかし次の瞬間、私は伯母に対し、中国に行ったら言語も違うだろうし、どうやって稼ぐのかとたずねた。「中国にも多くの朝鮮族、そして出稼ぎに行っている北朝鮮人がいる」とのことだった。私は、その場では考えてみるとしか答えられなかった。

翌日、私はまた駅前に行った。貨物列車もとうとう来なくなり、仕事をすることもできなくなった。懐には一銭の金もなく、私は途方に暮れてしまった。もうこれ以上考える余裕はない。伯母と一緒に国境を渡るしかない、と私は心を決めた。

一九九八年六月のある日、私はとうとう伯母と一緒に、中国との国境を目指して出発した。

四　調査の分析と展望

以上の事例を含めて、筆者が実施したこれまでの調査からいえることは、脱北をめぐる状況はその年によってさまざまに変化しており、背景や動機についても一概に言えないということである。また、脱北者の多くは女性であり、男性とは違って、女性の場合は結婚や水商売に従事するなどの手段で、比較的簡単に生活の方法を見つけることができることも分かった。

いま中国では、農村部の若い女性たちがよりよい生活を求めて都市部や海外へ行ってしまい、農村男性の嫁不足が深刻な問題となっている。韓国との国交樹立(一九九二年)以来、出稼ぎを目的とした渡韓がブームとなり、なかでも韓国人男性と結婚する朝鮮族女性が急増し、朝鮮族社会では、適齢期の男性が国内の同民族と結婚することが困難であったり、または既婚者が離婚したりの状況が大きな社会問題となっている。

聞き取り調査を通して分かったもう一つのことは、女性脱北者のなかには、ブローカーによる人身売買の被害に遭う者も多いということである。売られてきた彼女たちは、見知らぬ男性との同棲を強いられ、監視されながらの生活をしばらく続けることになる。このような事態が発生している主な理由として、まずは嫁不足による朝鮮族男性の結婚難が挙げられる。彼女たちの多くは、いったんは朝鮮族男性と同棲して生存の場を確保し、環境に慣れてきた頃には家出して都市の歓楽街に身を潜める。金を稼ぎ、祖国にいる家族を飢餓から救うことが至上命題だからである。また一部の女性は、子供まで産んでおきながら、数カ月もしくは数年後には家出をしてしまう。無理やり押し付けられた男性といつまでも一緒に暮したくないからである。

越境してきた女性が産んだ子供は法的に認められず、私生児として、年老いた祖父母の手で育てられるのが現状である。なおこれらのことは、九〇年代から多数の朝鮮族女性が結婚（偽装結婚を含む）して渡韓した事例を彷彿とさせるものであり、そうした前例から判断する限り、北朝鮮人女性たちもまた、非合法的ではあるが、今後も引き続き朝鮮族男性と結婚・同棲するかたちで、国境の川を渡り続けると予想される。

大部分の脱北者は、中国で貧しい生活を強いられており、しかも大半が無職である。それに、言語の問題や心理的・社会的な問題もある。脱北者は、学校教育と豊富な生活経験を有する者ですら、従来とはまったく異なる社会での生活に当惑することになる。北朝鮮人は、中国における人間関係のあり方が、多くの点で慣れ親しんだものと異なることにまず気づく。中国のような「資本主義」に不慣れな北朝鮮人は、「中国人は住民同士の人間関係が冷たく、個人主義で、また貧乏人と失敗者に対して尊大な態度をとる。金がすべてを決定する社会である。北朝鮮人は貧しく暮らしているが、貧しいだけに、人びとは互いを必要としている」と言う。

北朝鮮当局は、秘密裏に中国を訪問した住民らを政治思想犯とみなし、政治犯収容所に送るなど、厳しく処罰してきたが、最近では脱北者を「経済難民」と認識するようになり、脱北者に対する処罰も若干軽くなったという。北朝鮮政府としては、脱北者のほとんどが飢えに耐えきれず北朝鮮を脱出しているだけに、処罰で住民の脱出を防ぐには限界があると判断したのかもしれない。しかし他方では、韓国への亡命を図ったことが発覚した脱北者については、政治犯収容所に送るなど、今も厳しい処罰を行っているのが現状である。

脱北の主な理由の一つである北朝鮮の食糧難については、自然災害や農地不足の問題以外にも、集団農業の非効率性、密式栽培や梯田建設といった「主体農業」の失敗、肥料や農薬など農業用工業製品の不足、農民の労働意欲の喪失などの原因が挙げられる。しかし、仮に食糧難が克服されたとしても、外の世界を知ってしまった多くの北朝鮮人は、よりよい生活を求めて今後も国境を越え続けるものと予想される。

近い将来、北朝鮮の国内情勢に急変が起こるかもしれない。実際、北朝鮮ではすでにさまざまな経済改革が試みられている。一方、北朝鮮人による越境はすでに長期化の様相を呈しており、越境の方法も多様化しつつある。そして、本稿で紹介した事例からも分かるように、国境警備を強化することで越境者がなくなることはない。根本的に問題解決をするためには、北朝鮮が少しでも周辺諸国と足並みを揃え、さらなる経済改革を実行していく以外に方法がないのではないだろうか。

【もっとくわしく知りたい人のための文献案内】

朝日新聞アエラ編集部　一九九七『北朝鮮からの亡命者』朝日文庫
　内外メディアで初の、北朝鮮から韓国へ亡命した六〇人に対して行った集中インタビュー。
姜　哲煥・安　赫　一九九七『北朝鮮脱出（上・下）』文春文庫
　地獄の耀徳（ヨドク）政治犯収容所に収容された経験をもち、九二年ともに韓国に亡命した二人の手記。
月刊朝鮮編・（夫　址榮訳）一九九八『祖国を棄てた女』小学館
　一九九七年六月に中国に脱出した北朝鮮の一女性の過酷な現実を綴った手記。
韓　元彩著・李　山河訳　二〇〇二『脱北者』晩聲社
　北朝鮮からの脱出を図り、非業の死を遂げた著者が、はじめて強制送還されてから三度目の脱北を果たすまでの体験を記した遺作。
辺　真一　一九九九『北朝鮮亡命七三〇日ドキュメント』小学館
　コリア・ウォッチャーの第一人者が、ある北朝鮮家族の七三〇日をかけた「祖国脱出」の苦悶、その事実に克明に迫るドキュメント。
宮崎　俊輔　二〇〇〇『北朝鮮大脱出・地獄からの生還』新潮社
　三六年間北朝鮮で暮らし、抑圧と差別、飢餓に苦しみ辛酸をなめつくした男性が、日本に極秘帰国後、肉声で語ったレポート。

張　仁淑・李　聖男著／辺　真一著・訳　二〇〇三『凍れる河を超えて—北朝鮮亡命者の手記（上・下）』講談社
最愛の夫と息子を国に奪われるという悲劇。妻として、母として、「主体思想塔」の設計技術者として北朝鮮に生きた一人の女性が綴る感動の手記。
梁　東河・中平信也　二〇〇五『わたしは、こうして北朝鮮で生き抜いた！』集英社
最も脱北しそうにない人が書いた、脱北者の手記。
石丸次郎　二〇〇六『北朝鮮からの脱出者たち』講談社
北朝鮮人は、どのように生き、どのように死んでいくのか。近くて遠い国であえぐ生身の人々の素顔を、現地の取材によって明らかにしている。
韓　景旭　二〇〇六『ある北朝鮮兵士の告白』新潮社
一人の北朝鮮人兵士が、十年にわたる軍隊生活のすべてを包み隠さず語りつくした貴重な記録。

第五部

ポストコロニアル時代の文化研究

一〇章　合気道の近代と越境過程の相関関係
——オーストラリアにおける合気道の様相

ANTHROPOLOGY: FROM ASIAN POINT OF VIEW

岩切　朋彦

【キーワード】
オリエンタリズム、越境、文化ポリティクス、伝統の創造と近代、文化のオーセンティシティ

一　はじめに

井上俊（二〇〇〇、二〇〇四）によれば、「武道」は近代の発明である。一八八二年、嘉納治五郎（一八六〇～一九三八）は当時衰退しつつあった古流柔術二派の技を取捨選択し再構成して講道館柔道を興した。柔道は武術近代化の最初の例となり、剣術や弓術といった他の武術もそれにならって剣道や弓道へと変わっていった。「技法の体系化」「試合法の確立」「教育的価値の強調」といった柔道の諸要素は、それまで日常生活における護身のみを目的としていた柔術とは一線を画すものであった。とくに、厳正なルールと審判規定によって行なわれる試合法を考案したことは、柔道の近代性の大きな特徴だったといえる。

本章で取り上げる合気道もまた、柔道と同じく古流柔術を源流として、植芝盛平（一八八三～一九六九）によって創始された武道である。しかし、それが武術から武道となった過程は柔道とは大きく異なっており、なによりも合気道に試合がないことがそれを顕著に表わしている。そして、海外の合気道の様相にも、その特徴的な過程の影響を見ることができるのだ。

二　合気道の戦前と戦後――「武道」としての合気道の誕生

(一) 合気道の創始と戦前の合気道

合気道の技法的源流は大東流合気柔術という古流柔術であるが、それが武道として新たに発明された背景には、植芝盛平が信仰していた大本教が深く関係している。大本教とは、出口なおを「開祖」とする明治後期の新興宗教である。実際に独立した宗教活動を展開するのは、なおが娘婿に迎えた出口王仁三郎(一八七一～一九四八)が教団の実質上の教祖となって以降のことで、盛平は一九一九年に大本教と王仁三郎に初めて接することになる。彼の人格に感銘を受けた盛平は、大本教本部のある京都府綾部に移住し、そこで大東流の道場を開いた(プラニン 一九九二、稲賀 二〇〇五)。

一九二四年、当局からの弾圧を経て保釈中であった王仁三郎は、世界統一宗教の確立と聖地樹立を目的に日本から脱出し、モンゴル地方を目指した。この大強行には盛平も随行していたが、張作霖の疑心暗鬼によって連日攻撃を受け、失敗に終わる。行く先々で銃弾の雨にさらされているうち、盛平は弾が飛んでくる前に白い光が飛んでくるのを見るようになり、それによって銃弾をかわしたという(植芝 一九九九)。

帰国後、盛平の身辺ではポルターガイストのような超常現象が頻繁に起こるようになった。そして翌年の春、道場を訪れた海軍将校との手合わせを終えた盛平は、井戸端でふいに金縛りにあう。同時に足元の大地が突然ゆれ出し、無数の黄金の光線が天と地の両方から盛平の体を包んだ。このとき、盛平は悟りを得たと語っており、それ以降自らの武道に対する理念を宗教哲学的な観点から述べるようになると同時に、無類の達人として世に知られていくようになる。

一九二七年、盛平は海軍の首脳部に請われて東京へ移住する。その六年後、現在の新宿区若松町に「皇武館」という道場を開き、それと前後して、それまでの「(植芝流) 合気武術」という呼称は「合気武道」に改められた。

一九四〇年には軍・官・政・財界上層部の門弟や支援者の後押しにより「財団法人皇武会」が認可され、法人格を取得。初代会長は盛平の門弟であった竹下勇海軍大将、副会長に林桂陸軍中将、役員に近衛文麿が就任するなど、当時の軍部・国家要人とのつながりとバックアップは、戦前の「合気武道」の発展に大きな影響を及ぼした（植芝 同上書）。

しかし、日本が太平洋戦争に突入すると状況は大きく変わる。一九四二年、戦時下における統制機関としての大日本武徳会に「合気武道」が組み込まれたのを機に、盛平はその名称を正式に「合気道」とした。しかし、盛平自身は武徳会にかかわることを拒否し、空爆によって道場が消失した場合に備えて茨城県の岩間に身を移してしまう。戦局が激しくなるにつれ皇武館に顔を出す門人の数も少なくなり、合気道は存亡の危機に陥ったのである。

（二）戦後合気道の普及と伝統の創造

戦前の危機にもかかわらず、合気道は戦後、飛躍的な普及と発展を遂げる。合気道をこの成功へ導いた中心人物こそは、盛平の子息の植芝吉祥丸（一九二一〜一九九九）であり、戦前とは異なる方法で合気道を発展させた。

戦前と戦後の合気道における連続性と非連続性について、稲賀繁美（二〇〇五）は、①法人格としての社会的存在、②武術という技法の伝承、③家元と総称されるお稽古事組織の三点から分析をしている。稲賀の論旨は次のようなものだ。

①「財団法人皇武会」は戦後「財団法人合気会」として新たに出発する。尚武的な時代背景に基づいた戦前の財政界・陸海軍と合気道との密接な関係性は断絶し、盛平の思想を戦後の価値観と合致させ、「平和の武道」として合気道は飛躍的な復興と発展を遂げる。ここに非連続のなかの連続を見ることができる。

②武術技法的な面においては、非連続性が認められる。とくに合気道の中心概念である「合気」の意味や解釈は錯綜しており、それを技法とするのか理念とするのかもはっきりしていない。そして技法としての「合気」はほとんど

形骸化しているに近い。また、植芝盛平個人の技法の変化も無視できず、盛平から稽古をつけられた時期によって弟子たちの技法や稽古方法にも明らかな違いがあり、同じ合気道といえども、その実践者の技法の連続性には疑問が残る。

③宗家直系の運営組織である合気会は、家元としての「開祖」植芝盛平をひたすら天才扱いすることでその技法を別格化し、一方でその精神的連続性を主張してきた。しかし、盛平の至った境地のみが強調されることで、不十分な技量が自己正当化されるという弊害も指摘できる。

以上の稲賀の論旨を踏まえて戦後の合気道を見ていくと、合気道は戦後になって始めて「近代武道」として確立したということが見えてくる。それを、①一般普及のための制度的改革、②非競技性に対する倫理的価値の付与と強調、③植芝盛平を象徴化することによる伝統の創造、といった三つの点から説明してみたい。

まず、戦前の合気道の入門には厳格な規定があったため、限定された人々にのみ、その内容が伝えられていた。一般への公開と普及が始まったのは、吉祥丸の活動によって、一九四八年に「財団法人合気会」が認可されて以降のことである（植芝 一九九五）。

それまでの合気道は古流柔術の教授法と同様、技の解説や体系化された名称などがなかった。また、合気道の技を披露する演武も、植芝盛平ひとりの「神技」が限られた場において公開されるにとどまっていた。そこで、吉祥丸をはじめとする戦後合気道の中心人物たちは、柔道と同様に技を体系化するとともに、合気道を稽古するものであれば誰でも行なうことのできる演武会形式を確立し、一般社会への公開と普及を進めるための制度を整えたのである。

第二に、盛平の唱える合気道の理念や哲学は大本教の強い影響を受けていたが、吉祥丸はそこから「平和」や「人間相互愛」といった戦後世界の普遍的道徳となりえるエッセンスを取り出し、合気道の新しい理念・哲学・倫理とした。

もともと古流柔術には安全に試合を行なう方法がなく、技は実戦において試されていた。柔道は試合法を確立することで武道となったが、合気道は逆に試合を排除することで武道となった。「合気道に於ては勝敗観の度外視、即ち勝敗に拘泥せぬ世界、常に勝って居るといった安定した境地からの出発が第一義であり」（植芝 同上書）それゆえに試合をしない。こうした言説は、それまで単に危険だから試合ができなかった古流柔術とは違い、試合を行なわないこと自体に意義を見出すことになる。合気道の技法自体が理念を体現しているという美的価値も加わって、元来の古流柔術とほとんど変わらない稽古法を残しながらも、その非競技性自体を近代の枠に組み入れたのである。

第三に、創始者である盛平を合気道の象徴とし、その精神と技法の歴史的な連続性を主張することによって、合気会は「道統」という正当性を得ることとなった。合気道に競技を導入しようと試みた富木謙治（一九〇〇～一九七九）は、実力の客観化ができない合気道は稽古が独善的となり、結果として分派が生じやすくなると指摘している（富木 一九九一）。実際、富木を含めた戦前からの有力な弟子たちの多くが、戦後になると独立した活動を始めている。

それでも合気会が最大組織であることに変わりはないが、稲賀が述べたように、同じ「合気会合気道」でも、盛平存命中からの弟子たち、すなわち現在の師範たちによってその内容はさまざまである。それらバラバラの合気道を歴史的に統一する象徴こそが、家元たる「開祖」植芝盛平であった。盛平が象徴化される過程は、主に文献や雑誌、機関紙などの言論活動によって進み、伝記や伝説的な逸話や遺訓が共有されるとともに、普及活動の推進力ともなった。現在の合気会が「盛平をひたすら天才扱いして」いる、という稲賀の指摘は正しいが、それは新たなる「伝統の創造」であって、そうしなければ近代における「ひとつの武道」としての合気道は存続できなかったとも考えられるのだ。

三　合気道の越境と普及における文化ポリティクス

合気道の海外普及が始まったのは一九五二年以降であり、古参の弟子たちによって、はじめにヨーロッパ、次いでアメリカや東南アジアといった地域での普及活動が行なわれた。その際に吉祥丸が留意していたことは、合気道を「日本文化の伝統」と結びつけることであった。吉祥丸自身はこのことを「柔道に鑑みた」と述懐している（植芝一九九五）。

いわゆる「国際化」がもっとも早く進んでいた柔道は、「スポーツ化」の一途をたどり、それにつれて、柔道の家元たる日本の発言力は低下し続けている。吉祥丸の懸念とは、海外普及の過程において、柔道のように合気道が「日本文化」として認識されなくなってしまうことであった。「日本文化」としての合気道のイメージを維持するためには一種の記号が必要であり、それは植芝盛平より他にない。吉祥丸は海外普及においても、「合気道即植芝盛平」という主張を崩さなかった（植芝 前掲書）。このため、海外の道場では今でも盛平の肖像や、直筆の掛け軸が飾られている。

合気道の越境におけるこの文化的なポリティクスは、その非競技性によってさらに成功を収めた。先述したように、競技のない合気道は技量の優劣が客観化できず、それに加えてこれまた客観化できない「精神性」が問われることになる。それを表わすのは段級制による格付けしかない。昇級昇段審査では、技量の他に道場での立ち居振る舞いも評価の対象となるし、技の名称はすべて日本語である。そして最終的には東京の「財団法人合気会」と「道主」の名義によって、その段級は認可される。

このように、合気道の越境は日本が中心となるように行なわれた。現地にも高段者が生まれ、今では自らの道場を経営する者が増えたのも確かである。しかし、合気道を伝えた発端である日本人師範に、いまだに強い権威があることは、次のオーストラリアの事例を見ても明らかである。

四　オーストラリアの合気道の諸相

（一）オーストラリアの合気道における宗教儀礼的活動

「財団法人合気会」から派遣されたS師範によってオーストラリアに合気道が伝えられたのは一九六五年のことである。S師範は現在ニューヨークの合気会道場で指導をしており、来豪は年に二回、一週間ほどの講習会と昇級昇段審査を行なうのみになっている(注：二〇一〇年八月に師範は逝去された)。そのため実際に合気道の普及と指導を行なっているのは現地の高段者たちだが、職業として専門的にそれを行なっているのではなく、各自が別の仕事をしている。

筆者はシドニー合気会(以下、シドニー道場)とブリスベン合気会(以下、ブリスベン道場)の各支部道場の稽古に一定期間参加した経験がある。同じ合気会合気道といえどもその内容に多様性があることは先述したとおりだが、オーストラリアにおいても、技法自体にはそれほどの違いはないものの、一部では筆者が日本の道場では経験したことのないことが行なわれていた。特徴的なのは、次に紹介する宗教儀礼的な動作やイベントである。

筆者が訪れた各道場では、準備体操の前もしくは直後に印を結んだ動作による集中法が行なわれている。ただし、指導員によっては、この動作を省いてとっとと準備運動をしてしまう人もいることは、後の議論にも重要になることなので述べておく必要があるだろう。

この動作は、以下のように行なわれる。まず、両手の中指と薬指と小指を組み合わせ、残りの2指の先を合わせて印を作る。次に、合わせた人差し指を眉間の辺りに落とし、毎回頭上に印を振り上げながら、順にアゴ→胸→眉間へと位置を変えていく。最後に再び頭上に上げ、胸の辺りまで下ろしながら腰を落としつつ、「えい！」と気合をかけて終わり。

シドニー道場の指導員の一人であるA氏の説明によれば、これは自分の意識を大自然と一体化させて外へ移動させ、再び体のなかへもっていく動作であり、それによって体の中の「気」が充満すると、自然に気合となって発動するのだそうだ。

ブリスベン道場にはないが、シドニー道場ではより特殊で宗教儀礼的なイベントもある。「ミソギ・トレーニング」(misogi training)と呼ばれているこのイベントは、オーストラリアでは真冬に当たる八月中旬に、現地指導員の指導の下に行なわれ、希望する会員のみが参加する。しかしこのイベントはきわめて不人気で、私が参加した二〇〇四年八月のミソギ・トレーニングでは、約七〇名いる会員のうち、参加者は指導員二名と筆者を含めて九名。前年は四名だったという。

ミソギ・トレーニングは一泊二日で冬山に野宿し、主に瞑想を行なうというものである。夜の瞑想では、それを行なう前に象徴的空間としての道場が作られる。入り口として二つの石を並べ、それを基点にして円を作るように各自が位置を決めて座り、円の内側が「道場」と呼ばれることになる。合掌しながら一礼して入場、中では必ず時計回りに移動する。自分が座る場所の前で再び合掌して一礼。道場から出るときはこの逆の順番で合掌、一礼をする。道場内では一切の言葉を発してはならない。口にしてよいものも限られており、玄米とサツマイモを一緒に煮たものにドライアプリコットを加えた「ミソギ・フード」と呼ばれているものと、休憩の合間に振舞われる砂糖湯、そして水のみが許される。このように、ミソギ・トレーニングはその名のとおり全体的に非常に儀礼的なものである。

写真 10-1　印を結ぶ集中法

さて、以上の印を結んだ集中法やミソギ・トレーニングはS師範伝来のものであり、現地指導員が勝手に始めたものではない。当然疑問に思うのは、わざわざこういうことを行なう意味とは何かということであろう。

S師範が合気会に入門したのは一九五七年であり、当時植芝盛平は七四歳であった。晩年の盛平は、合気道の指導を行なうときに言霊や霊界の話をするのを好んでいたという。若い弟子たちはその内容を理解できず、真剣に聞く者はほとんどいなかったらしいが（プラニン 一九九五）、いずれにしてもS師範は盛平の宗教話や儀礼的行為をすぐ側で見聞きしたり、実際に体験したはずである。したがって、こうした儀礼的行為を盛平との連続性において考えることも可能ではある。しかし、合気道という「近代武道」を海外において普及させるうえで、「平和の武道」としての理念だけでなく、具体的な儀礼的動作までも「付属」させる必要があったのはなぜなのか、という疑問は残る。

（二） 疑われるオーセンティシティ

件の「集中法」を稽古で省いている指導員、G氏にその理由を聞いてみたところ、「S師範はあれを精神的な準備運動と言っているが、その深い意味を私は理解できていないし、教えられるとも思わないので止めた」とのことであった。そういうG氏の稽古は激しく、教え方も技法に特化され、合気道の精神とか理念とかに関する説明はほとんどない。

一方これと対照的なのが、私に「集中法」の意味を教えてくれたA氏で、その教え方は技法の説明よりも理念のほうに力点が置かれており、「両手を大きく、世界に向かって広げていく気持ちでやりなさい」というような説明の仕方をする。準備体操の間に、こんな話をしたこともあった。

「自分の体は、ひとつの宇宙であり、地球である。右手が海であれば、左手は大地である。自分の体の中に、空や、木々や、山といった、大自然や宇宙を感じることが大事だ」。

興味深いことに、A氏のこうした教え方は一部の会員に非常に不評であり、数々の陰口を聞くことがあった。その内容をまとめると次のようなものになる。

①A氏はS師範の合気道しか認めていない。まるでS師範が神で、A氏は牧師のようだ。

②A氏の稽古は説教のようでつまらないし、偉そうで腹が立つ。彼が合気道の何たるかを本当に理解しているとは思えないし、「ホンモノ」っぽくない。

③ミソギ・トレーニングはA氏が音頭をとってやるけれど、真似事に見えるから人気がない。所詮A氏は合気道の

東洋的な部分に憧れをもっているだけ。

散々な言われようではあるが、こうした意見は主に数年から一〇数年の合気道キャリアをもつ、二級取得者以上から有段者にかけて聞かれる。つまり、ある程度合気道についての知識と技量を有している者たちが、このようなことを言っているわけだ。

まず、A氏がS師範の合気道しか認めていないというのは確かである。A氏はシドニーを州都とするニューサウスウェールズ州の合気会の代表者でもあり、シドニー道場の指導員のなかでもリーダー的存在なのだが、道場の方針としてもそれは徹底されているらしく、日本から来た高段者が道場を訪れようとしたときに追い返してしまったこともあったという。シドニー道場のこの閉鎖性はブリスベン道場でも有名らしく、私が出会ったカナダ人のB氏は、転勤先のシドニーに行っても道場に通うつもりはないと語ってくれた。B氏は東京の合気会本部道場に一一年間通ったことのある人物であり、非常に日本語が堪能だ。もし、合気道の総本山での経験を長年もっているB氏がシドニー道場に現れたら、A氏よりも「ホンモノ」っぽいという評判が立つかもしれない。

文化人類学では、文化のこの「ホンモノ」っぽさ、つまり「真正性」のことを「文化のオーセンティシティ」と呼んで、とくに観光文化の研究において議論の対象としてきた。そしてこの問題は合気道という身体文化の世界でも重要であるといえる。なぜならば、その文化が「ホンモノ」であるかどうかは、歴史的な連続性が問題となるからだ。合気会が植芝盛平を象徴としたのは、まさにこの連続性を主張するため、言い換えれば「伝統」を主張するためであり、そのオーセンティシティを主張するためであった。オーストラリアにおける合気道の連続性は、盛平の弟子であったS師範を経て、A氏たち指導員へと続いているように思われる。しかし、A氏の合気道のオーセンティシティが疑われているのは、まさにその連続性が疑われているからに他ならない。

では、なぜA氏の合気道は疑われているのだろうか。一つは、やはり合気道の越境と普及が常に日本を中心とし、「日本」と結び付けられて行なわれたことと関係しているだろう。盛平の弟子であった日本人師範たちは二重の意味で強固なオーセンティシティを維持しており、彼らが語る合気道の理念も説得力ある言葉としてとらえられる。A氏がS師範しか認めないのは、盛平と「日本文化」を中心としながらも多様性のある合気道の世界において、S師範との連続性、すなわち「彼の合気道」に関しては他の追随を許さないと考えているためであろう。しかし、S師範一人に合気道のオーセンティシティが集約されればされるほど、「外国人」たるA氏が語る合気道の理念は、合気会合気道を統一する「日本文化」や植芝盛平の思想の「生悟り」としてとらえられてしまうのだ。

(三) オリエンタリズムの幻想が生み出す合気道の「特殊性」

「ミソギ・トレーニングは真似事で、合気道の東洋的な部分に憧れているだけ」とA氏を酷評する一部会員は、やはりこうした儀礼的行為のオーセンティシティに関しても疑いをもっている。現在年に二回しか来豪することのないS師範の代わりに、とくに「ミソギ・トレーニング」という特別なイベントに関して、A氏は率先してリーダーシップを発揮してきた。しかし、それは非常に不人気なものとなっている。会員いわく、「意味がない」「寒いだけ」「行ったら後悔する」等々。

それらが実際に精神的に何らかの効果を及ぼすかどうかは別にして、印を結んだり冬山で瞑想をするという行為は一見して儀礼的であって、オーストラリアの人々には非常に異国趣味的かつ神秘主義的なもののようにとらえられるに違いない。これを広い意味で「オリエンタリズム」として考えると、A氏が「東洋的な部分に憧れているだけ」だという意味についてより深く考えることができる。

「オリエンタリズム」とは、簡単に言えば西洋が東洋を支配するために「東洋の特殊なイメージ」を一方的に固定化する、「西洋の」思考様式のことである。一九七八年にエドワード・サイードが『オリエンタリズム』を著して以来、この概念は西洋と東洋の不均衡さのみならず、学問と文化の政治性に注目する意味で重要となっている。そして、A氏は単に固定化された東洋のイメージを踏襲しているだけに過ぎない「オリエンタリスト」だと考えられているのだ。

しかし、これら「特殊な」儀礼的活動はS師範によって伝えられたものである。A氏は単にイメージを踏襲しているのではなく、基本的には彼を踏襲しているのである。それにもかかわらずA氏がオリエンタリストだと揶揄《やゆ》されるのは、その「特殊な」文化の「本質」を語り、実践できるのはS師範より他ないと考えられているからである。

井上俊（二〇〇〇、二〇〇四）によれば、二〇世紀初頭から柔道の海外普及が盛んになった要因の一つとして、日露戦争（一九〇四～一九〇五）とそれにともなうジャポニズムが挙げられるという。日露戦争の勝利によって西洋における日本の評判は軒並み上がったが、そこには「ヨーロッパが極東に対して抱く」「実に幼稚な幻想」も含まれていた。西洋が抱くこのオリエンタリズム的な欲求に応えることができたことが、本来は近代によって生まれたはずの柔道の強みだったのである。

一方、合気道の海外普及は一九五〇年代から七〇年代における日本の高度経済成長期と時期を同じくする。俗に「奇跡」などと呼ばれるこの復興の理由を模索する過程において、日本の「特殊性」が、いわゆる「日本人論」という形で浮かび上がっていった。そして、合気道を含む日本の武道もまた、オリエンタリズムの枠に組み込まれる形でその「特殊性」のなかにあったのである。

【コラム】

映画から武道の文化イメージを読み取る

「合気道って実際どういう武道なの？」そう疑問に思った読者もいるだろう。なかには「気」だけで相手を吹っ飛ばす（そういう合気道家もいることはいる）イメージをもっている人もいる。この章を読んでそういう疑問や興味を持った読者におすすめなのが、スティーブン・セガール主演の『刑事ニコ――法の死角』である。

映画のなかのセガールはかなり荒っぽい合気道で敵をバッタバッタと容赦なくやっつけていく。相手の骨まで折ってしまうのは合気道の理念からすれば言語道断なのだろうが、なんにせよカッコイイ。この映画がきっかけとなって道場に足を運んだという人も、オーストラリアの道場では多かった。

映画の冒頭シーンは合気道の稽古風景から始まる。このシーンをよく見ると、「日本的」もしくは「東洋的」な記号をあちこちに発見できる。道場に置かれた神棚、植芝盛平の写真、三枚もある掛け軸、小さな屏風、窓にかけられたスダレ……。記号はモノだけではない。セガールの喋る流暢な日本語や、道場の後ろで見守っている偉そうな「日本人」っぽいお歴々もそうだ。

冒頭にこのようなシーンをもってきたのは、セガールが実際に合気道の達人であるということを示すため、すなわちオーセンティシティを主張するためだろうが、「東洋的」記号はそれを強調せんがためにちりばめられている。このように、武道と「東洋的」な記号は、とくにハリウッド映画などでは結び付けられている傾向があり、これをオリエンタリズム的幻想の表われとして考えることもできる。映画を見るということも、文化がどのようにイメージされているかを知る立派な勉強である。

高度成長期を経て、日本はオーストラリアの最大の輸出相手国となった。そしてこの時代背景が、合気道の普及にも大きな助けとなったのは明らかであろう。「合気道をする目的は何ですか?」という質問に対するシドニー道場の会員のもっとも多い答えとは、「セルフ・ディシプリン」(self discipline) すなわち「自己規律」を鍛えることであった。そして、この「自己規律」こそは、「日本人論」のなかで「勤勉性」という名でしばしば語られる言説なのである。

すでに「スポーツ化」しつつあった柔道に対して、合気道は「日本文化」の「特殊性」を原動力に海外普及が進んでいった。その過程において、西洋が抱いているオリエンタリズムの幻想を利用することは、有効な手段であっただろう。S師範が合気道の儀礼的な側面を提示しながらオーストラリアで合気道を普及したのも、こうした手段の一つだったのではないだろうか。しかし、現在における合気道のオリエンタリズム的イメージは、逆に現地の指導者からオーセンティシティと求心力を奪い、単なるオリエンタリストにおとしめてしまうことにもつながっているのである。

五　おわりに

合気道はすばらしい身体文化である。試合がないので、老若男女それぞれが自分たちの目標とペースに合わせて楽しむことができるし、人々との交流の場として道場に通うこともできる。しかし一方で、合気道はれっきとした格闘技術でもある。技法と理念の両者がそろってこその「立派な」合気道だが、それを客観化することの困難さは、同じ合気会という組織の中にさまざまな合気道の形を生み出した。それぞれの合気道への帰属意識は、「我々の先生が一番だ」という優劣の論理へと容易に流れる。それを超えることこそが合気道の哲学であるにもかかわらず。

シドニー道場で見られたのは、そうした帰属意識と合気道自体の文化的帰属、そして西洋のオリエンタリズム的幻想が複雑に絡み合った様相であった。本章ではほとんど触れなかったが、ブリスベン道場ではS師範への帰属意識がシドニー道場よりもはるかに薄く、他の日本人師範を招いて講習会を開いたりもしているし、道場の雰囲気もシドニーとはかなり違っている。したがって、本章の内容は一つの事例に過ぎないということは断っておく必要があるだろう。

越境した合気道が、それぞれの地域において今後どのような発展と変化を見せていくのか、オーストラリアで言えばS師範の後の時代はどうなっていくのか。合気道の歴史はまだ浅く、しかも多様性に満ちている。「日本」とそのイメージは、合気道を統一する媒体のひとつとして働いてきた。しかし、その有効性がいつまでも続くとは限らないのである。

【もっとくわしく知りたい人のための文献案内】

井上　俊　二〇〇四『武道の誕生』吉川弘文館

武道が「近代の発明」であり「伝統の発明」でもあることを、柔道の歴史から読み解いた著作。平易な文章で書かれているので読みやすい。

植芝吉祥丸　一九九五『合気道一路——戦後合気道発展への風と雲』

戦後合気道の普及と発展を主導した植芝吉祥丸が、その道のりを述懐した著作。本章の内容と併せて読んでみると、合気道がどのように「近代化」したのか理解が深まるはず。

植芝吉祥丸　一九九九『合気道開祖　植芝盛平伝（改訂版）』　出版芸術社

植芝盛平の生涯を子息の吉祥丸がまとめた著作。合気道の創始と戦前の展開を知ることができる。盛平の伝説的逸話も書かれているので、そこにも注目していただきたい。

塩田剛三　一九九一『合気道　修行』

盛平の弟子で、戦後に独立した代表的な人物、塩田剛三の口述集。塩田は一九五五年に独立し、「合気道養神館」を設立したが、その後も合気会と盛平には礼をとっていた。合気道の技法について、自身の実戦体験を紹介しながら述べられており、単純に読み物としても面白い。

ANTHROPOLOGY: FROM ASIAN POINT OF VIEW

一一章 移住する日本人・観光する日本人
——観光と移住の地としてのオーストラリア

長友 淳

【キーワード】
グローバル化、トランスナショナリズム、観光イメージ、余暇、新移民

一 はじめに

グローバル化によって国境を越える人間の移動は増加した。かつて珍しがられた海外旅行は身近なものになり、現在年間一六六〇万人もの日本人が海外旅行を行なっている（国土交通省 二〇一二）。また海外生活への関心の高まりとともに海外に居住する日本人数は増加し、一九九二年には約六八万人、二〇一一年には約一一八万人を記録した。なかでもオーストラリアは九〇年代以降、日本人観光客と移住者の両方が向かう先として人気を集めている。同国への日本人観光客は一九九六年には八〇万人を突破し、日本人居住者は現在約七万人以上にも上っている。

ここで単純な疑問が生じる。なぜオーストラリアは観光および移住の地として人気を集めたのだろうか？ この点について本章は、本書の教科書的な性格を踏まえて理論の概説を手短に行なったうえで観光と移住双方の視点からの議論を幅広く行なう。

二　グローバル化・移住・観光

（一）グローバル化の概念

文化人類学と社会学におけるグローバル化概念は、一般的用法として用いられている世界経済の単一化や文化のアメリカ化を示すのではなく、より複合的現象としてとらえられている。その例としてアパデュライ（一九九〇）はエスノスケープ（越境する人間の移動）・テクノスケープ（技術やモノの流動）・フィナンスケープ（国家の枠を超えた資本の流動）・メディアスケープ（情報やイメージの流動）・イデオスケープ（思想や主義の国境を越えた流動）の五つの国境を越える流動化現象を論じ、グローバル化が物的・文化的な流れの複雑に絡み合う現象である点を論じている。またロバートソン（一九九五）は、グローバル化が同時にローカル化の進行をともなう点を論じ、両者を合わせてグローカリゼーションと呼んでいる。このグローカリゼーションの例は、岩渕（二〇〇一）が論じる日本のアニメがアジア各国で普及し現地で新たなローカル性を獲得する現象や、G・カンクリーニ（一九九五）がメキシコの観光地ティワナを例に論じる文化の「脱領土化」すなわち「文化と地理的・社会的領土との『自然な』関係が消失する現象」などが挙げられる。

（二）トランスナショナリズム

用語としての「トランスナショナル」は、近年英語圏で「越境」を指す形容詞として普及している。また「トランスナショナリズム」という用語も文化人類学や社会学を中心に普及し、人・モノ・資本・情報などの国境を越えるプロセスを指す用語として用いられている。しかし、トランスナショナリズム概念の中核的な要素は、越境プロセスだけではなく、国境を越えた「関係性」である（Glick Schiller et al. 1992）。すなわちその中心概念とは、人・資本・情報などさまざまな要素が国境を越えた後に複数の関係性を維持するプロセスである。この概念の有用性はとくに今日の移民研究に広く見出すことができ、移住者が構築する国境を越えたネットワークの形成・維持や帰属意識の多元性などを例として挙げることができる。

(三)「新移民」の出現

グローバル化以前の移住は、政治・宗教・経済などが主な要因を占めていたが、今日移住はより身近なものとなった。航空券の低価格化や情報技術の発達などによって、移住者は母国や出身地との関係を維持することが容易になった。移住者は故郷や国家への帰属意識において柔軟で多元的な帰属意識をもつことが可能になったのである。

このような状況のもと移住形態も多様化し、「新移民」と呼ばれる新しい移民が出現している。研究者によって用法に幅があるが、リタイアメント移住やライフスタイル移住(佐藤 一九九一)はその典型と言える。新移民をめぐる特徴の一つは、経済的理由以外の理由で移住する中産階級の移住者が増加した点である。彼らにとって移住とは経済的苦境から逃れるためではなく、教育・ライフスタイルなどさまざまな目的をかなえる手段となっている。また移住概念も変化し、帰国を視野に入れたリタイヤメントなどの一時的移住や観光ビザによる頻繁な長期滞在に見られるように、旅行と移住の境界も曖昧になりつつある。

(四)観光のまなざし

J・アーリ(一九九五)は『観光のまなざし』においてM・フーコーの「まなざし」概念を手がかりに観光を論じている。アーリによれば観光の体験とは、日常とは異なる景色・風景・町並みなどに対して「まなざし」を投げかけることであり、見るという行為は単に見ることを意味するのではなく、自分の頭の中にあるイメージを対象に向けて投影することを示す。つまり観光とは見る者を前提にして開発されるものなのである。また、見られる側も一方的にまなざしを投げかけられるのではなく、いかに自らの「文化」や「伝統」を見せるかという「アイデンティティの政治」を示す場合もある。このように現代における観光とは、見る者と見られる者の相互作用のもとにあると言える。

三　現代オーストラリアへの日本人移民と観光客

（一）現代オーストラリアへの日本人移民とライフスタイル移住

二〇一一年の段階でオーストラリアに居住する日本人数は、永住者四二、一三一人、長期滞在者（三ヶ月以上の滞在者）三二、五四八人の合計七四、六七九人である（外務省 二〇一二）。人口のうち二五歳から四四歳の居住者が約半数を占め、女性の割合は約六割を占める。在留邦人の約四〇％はニューサウスウエールズ州（NSW州）、約一八％

【コラム】

オーストラリア多文化主義とさまようアイデンティティ

オーストラリアはかつて白豪主義政策を採用していた国だが、現在ではカナダと並び多文化主義が成功している国として有名である。二〇一一年のセンサスによると人口の二〇％以上を海外で出生した住民が占め、人口の約一五％が家庭で英語以外の言語を使用している。この多文化主義への大転換の理由と結末はいかなるものであろうか？

オーストラリアは戦時中の日本の脅威（黄禍）の経験から人口増加による国力増強を目指し、戦後も英国人中心の移民を募った。しかし移民数は伸びず、移民大臣アーサー・コルウェルは他の欧州諸国にも移民の門徒を開いた。その結果欧州各地から移民が流入し、オーストラリアは多文化主義導入以前に世界でももっとも「白い」国の一つであると同時に、すでに世界でもっとも多民族的な国の一つとなっていた。そのため多文化主義は、単に国内外からの白豪主義批判によって採用されたのではなく、結果的に生じていた多文化的状況が自らの白豪主義に自己矛盾を呈し、それに対応する新たな国民国家の統合政策として採用された側面も大きい（Jupp 2002）。

一九七二年に誕生したウィットラム労働党政権は、多文化主義とともに新たな移民政策「ポイント・システム」を導入した。人種による選別ではなく移民が持っている技術によって選別を行なうこのシステムは、結果的にアジア系住民の流入を招き、一九九〇年代には急速な「アジア化（Asianisation）」が進んだ。同時にそれに反対する機運も高まり、ポーリン・ハンソン議員や歴史家ブレイニーの発言をめぐる全国的な論争が起きた。また近年、中近東やアフリカからの移民や難民も増加し、オーストラリア多文化主義は新たな段階を迎えている。

オーストラリアは、もはや旧英連邦の一員というアイデンティティに依存できなくなり、新たなアイデンティティを模索している段階にある。アジアへの仲間入りを経済や文化面で進める一方で、地方議会で街中の看板の漢字表記を英語に変更すべきだという議論がなさたり、連邦議会で移民の市民権申請の際に英語と「オーストラリアの価値観」の筆記テストを導入する議決が行なわれたりする。また二〇〇五年にシドニー郊外で発生した白人系住民と中東系住民の間の暴動に見られるように、社会の急激な変化に一部の住民の感覚が追いついていない側面も否定できない。オーストラリア多文化主義は、進展と反対住民との間の相互作用の狭間にあり、成熟した多文化主義に移行する過渡期にあると言えるのかもしれない。

はビクトリア州（ＶＩＣ州）、約二五％はクイーンズランド州（ＱＬＤ州）に居住している。このうちＮＳＷ州とＶＩＣ州では州都のシドニーとメルボルンに人口が集中し、ＱＬＤ州では州都ブリスベン、観光地のゴールドコーストとケアンズに人口集中が見られる。筆者が行なった調査によるとオーストラリアに居住する日本人は表11－1のように大別される。

移住理由や定住プロセスを一般化することは難しいが、聞き取り調査と参与観察の結果、現代オーストラリアへの日本人移民の主流を占める技術移民（表11－1の④）に関しては一定の特徴を見出すことができた。彼らの移住要因として、経済的な理由や社会的成功といった要素よりもむしろライフスタイルに関係する要素の方が大きい点が観察

表 11-1 調査地における日本人居住者の類型

①永住・国際結婚・「戦争花嫁」
②永住・国際結婚・現代の国際結婚
③永住・技術移民・八〇年代移住者
④永住・技術移民・九〇年代以降の移住者
⑤長期滞在・ビジネスビザ
⑥長期滞在・リタイヤメントビザ
⑦長期滞在・学生ビザ
⑧長期滞在・ワーキングホリデービザ

された。具体的には、①仕事と余暇のバランス、②九〇年代以降の日本社会における流動性の増加とライフスタイル選択の柔軟性、③日本社会におけるジェンダーの不均衡性、④日本社会における義理や慣習、⑤日本社会における余暇・教育・住環境の五つの要素が顕著であった（Nagatomo 2007）。また定住プロセスの傾向として、日本人会などに依存する組織型ではなくネットワーク型のエスニックコミュニティを形成している点や、他のエスニック集団のように定住後に親・兄弟・親戚を呼び寄せるケースが少ない点も特徴である。移住形態の特徴としては、永住権を取得しても市民権を取得する傾向は低い。これは日本が二重国籍を認めない点に加え、移住後も帰国の選択肢や年金などの制度的保障による制度的・心理的安定性を保持することによって移住先のライフスタイルを享受するという新しい形の移住の形を示している。

（二）オーストラリアへの日本人観光客

オーストラリアは一九八〇年代以降、観光関連の巨額な海外投資を受け入れ、一九九〇年代初頭にかけてマスツーリズム全盛期を迎えた。一九八〇年に四八、八六〇人だった日本人観光客数は、一九八九年には三四九、五四〇人を記録した。同国への日本人観光客は、一九九六年に八〇万人を突破した後は緩やかに減少しているが、二〇〇四年には七一〇、三四〇人を記録するなど依然として高い数字にある。観光客の内訳の特徴としてオーストラリアは若い日本人女性の間で人気があり、二〇〜二九歳の女性が六割以上を占め（国土交通省 二〇〇一、二〇〇二）、新婚旅行先としても人気を博している。

現在のオーストラリアへの日本人観光の主流を占めるのは、FIT（Foreign Independent Tourism）、いわゆるフリーパッケージ旅行である。旅行者は航空券・宿泊・空港送迎のパッケージに好みでオプションを加える。八〇年代の団体旅行は、旅行者にとって安価に安心して海外旅行を楽しめるために人気を博したが、九〇年代には自由なオプションの組み合わせや観光地での制約のなさ、および安価な料金設定といった点から海外旅行の中心は団体旅行からFITに転換した。

四　移住の地・観光の地としてのオーストラリア

（一）アクセスのよさと地理的・心理的近接性

オーストラリアは日本にとって比較的アクセスのよい国であり、この点は日本人の移住・観光の双方において一つの要素として見ることができる。オーストラリアは日本から距離的に近い国とは言えないものの、観光が発展し観光客が増加した現在、アクセスのよさという点では他の西洋諸国よりも利便性が高い。またフライト時間はアメリカ西海岸までのそれとさほど変わらないが、時差を考慮するとオーストラリアのアクセスのよさは際立っている。日本とハワイには一四時間の時差があり、アメリカ西海岸とは一七時間もの時差がある一方で、オーストラリア東海岸は一時間の時差しかない。これは比較的短期間での旅行を行なう日本人旅行客にとっては大きな利点である。また移住者にとっても日本の家族や友人と連絡を取るうえで時差が少ない点は便利であり、日本とオーストラリアへの多元的帰属の感覚に寄与する要素の一つと言える。

（二）観光産業とイメージの構築

アーリの観光のまなざしの議論に見られるように、観光においてイメージは大きな要素を占める。観光客は観光地において「まなざし」を向けイメージを消費することを期待し、観光開発や販売促進はその「まなざし」を前提に行なわれる。つまり観光産業と観光イメージの研究においては「誰が」観光地に対して「何を」期待しているかという点は重要な視点である。オーストラリアの観光産業に目を向けると、日本人旅行客でもっとも比率が高い客層は比較的若年の未婚女性である。この点はオーストラリアの日本人観光客むけに構築されたイメージに顕著に表われてい

表11-2　2005年度JTBオーストラリア観光パンフレットに含まれる写真（宿泊施設写真を除く）

写真の種類	数
1．ビーチ　サンゴ礁　マリンスポーツ　など	102
2．「かわいい」動物 コアラ　カンガルーなど	25
3．テーマパーク	18
4．自然　広大な大地	17
5．「西洋」の町並みや建物	13
6．買い物　マーケットや土産屋	11

る。以下には具体例として観光パンフレットの分析を紹介する。観光パンフレットは、何らかの意図なしに構成されることはない。観光業界は、客層や彼らの期待するイメージおよび観光地での活動を調査して、それらの「まなざし」を商品化する。観光パンフレットとは観光客と観光地を媒介する存在であり（Bhattacharyya 1997）、観光客が期待する観光地の「記号」を収集したものとしてとらえられる。

表11‐2は、二〇〇五年度のJTBのオーストラリアへのフリーパッケージ旅行のパンフレットに含まれる写真を分類して集計し、上位六位までを示したものである。もっとも多かった写真はビーチやマリンスポーツなど海に関するものであり、その次にコアラやカンガルーなどの動物、テーマパーク、広大な自然の光景、西洋の町並み、買い物やマーケットの光景と続いている。これらの写真そのものや写真の相対的な数を分析すると、オーストラリアの観光イメージには以下のような要素が含まれていることが分かる。

①「癒し」や「開放感」　日本人向けのオーストラリアの観光イメージは、「癒し」や「開放感」に関する要素を多く含む。先に述べた日本人観光客の主流を占める若い未婚女性、いわゆるOL層にとって日本社会での日常生活におけるストレスや拘束からの逃避は、観光イメージにとって重要な要素である。イップら（Ip et al. 2003）の研究が示すように、一九九〇年代以降の不況による社会的変化とそれにともなう個人レベルのストレスや不安定性を経験した日本人にとって、癒しは重要な要素であった。パンフレットにビーチの写真が多く用いられているのは、単に日本人観光客の間でビーチやマリンスポーツの需要が多い点を示しているのではなく、いかに観光産業側がこれらの記号を用いたかをも示している。この点は、観光イメージにおける動物の表象にも表われている。一般的に西洋諸国ではオーストラリアの動物をめぐるイメージは、ワニなどの野生動物のイメージが強いが、日本人に

とってはコアラやカンガルーなど「かわいい」動物の方が馴染み深い。先に紹介したパンフレットの分析でもこれらの「かわいい」動物の写真は、ビーチやマリンスポーツの次に多く掲載されており、癒しの要素のイメージ構築に寄与していると見ることができる。

②広々とした光景や大自然　広々とした土地や光景もまたオーストラリアのイメージを構成する要素の一つである。エアーズロックに代表されるようなオーストラリアの大地や延々と続く海岸線は、一般的にわれわれがオーストラリア旅行の際に期待する光景の一つである。オーストラリアは、人口の八割以上が大都市圏に暮らし、人々が生活する感覚としては世界でも有数のメトロポリタンな国である。しかし、「観光のまなざし」はそうではない。「まなざし」が向けられる対象は、あくまでもオーストラリアの大地であり海岸線なのである。この点は表11－2のパンフレットにおける風景写真の相対的な数の多さやその内容にも反映されている。

③テーマパークや買い物　テーマパークの訪問や買い物は、日本人観光客にとって人気のある観光活動である。表11－2が示すように、パンフレットの多くはこれらのイメージを含み、観光客は観光地に到着する前に行き先での活動や予定をイメージすることができる。テーマパークや買い物は特に日本人の女性の間で人気が高く、その点が表11－2で示すようにパンフレットの写真の数にも反映されていると見ることができる。

④身近な「西洋」としてのオーストラリア　オーストラリアの観光イメージの構築において「西洋」という視点は欠かすことができない。オーストラリアは日本にとってもっとも近接する「西洋」である。「西洋」は近代以降のわれわれ日本人にとってさまざまな文化的意味をもち続けてきた。たとえば近代日本におけるナショナリズム構築プロセスや日本文化論において「西洋」という文化的他者が想定されていた点（小熊　一九九五）はその例である。西洋という要素が日本人のオーストラリア観光に影響を及ぼしている点は、表11－2のとおりオーストラリアの観光パンフレットにおける西洋の町並みや「白人」の写真の多さからも分かる。

⑤治安のよさ　治安のよさや旅の安全・安心といった要素も日本人観光客にとっては重要である。いずれの観光パンフレットにもオーストラリアの治安のよさは必ず言及されている。また、ビーチの写真に含まれる記号の一つ

写真 11-1　観光パンフレットの写真

に、ライフセーバーが挙げられる。ライフセーバーは観光客にとってオーストラリアらしさを感じる記号であると同時に、ビーチの安全性をも示す存在である。

⑥ライフスタイルの国　オーストラリアには一般的にライフスタイルの充実した国というイメージが存在する。これらのイメージの一部は、釣りやサーフィン、ＢＢＱなどのアウトドアでの活動を楽しむ写真として観光パンフレットにも掲載されている。観光客や移住の下見に来た旅行者は、これらのイメージを確認し、あるいは実際に体験する。

以上に紹介したオーストラリアの観光イメージはビーチ・太陽・かわいい動物などの癒しの要素と、西洋の国・広大な自然・アウトドアの余暇活動などの要素などに要約される。カーニー（二〇〇四：二二五－二二六）が「商業化された観光は、浮遊するイメージ、経験、センセーションの消費を結びつける」と述べるように、観光産業におけるイメージや広告宣伝で用いられる記号は、イメージの生産と広告宣伝の過程で分節・接合されるのである。以下には、分節・接合されたオーストラリアのイメージが実際にどのように観光客および移住者の間で消費されているかという点について、観光客・移住者双方の実践に注目して論じる。

表11-3　オーストラリアにおける日本人観光客の活動（2003-2004年）

活動	(%)
ショッピング	79%
ビーチの散歩 水泳 サーフィン　ダイビングなど	61%
野生動物公園 水族館の訪問	53%
国立・州立公園の訪問	49%
マーケットの散策	43%
ガイド付ツアーへの参加	32%
ボートでの観光	29%
公園や庭園の訪問	27%
ブッシュウォーキング	23%
観光列車の利用	23%

資料：Tourism Queensland（2004）

（三）日本人観光客の実践に見るイメージの消費と再生産

オーストラリアを訪れる日本人観光客の活動は、香港やアメリカ西海岸など他の観光地での一般的な観光旅行よりも比較的リラックスした観光の内容である。表11－3は、オーストラリアにおける日本人観光客の活動の質問表調査（複数回答）の結果である。

上の表に見られるように、日本人観光客の活動は買い物が七九％ともっとも高いものの、旅行者の四九％が国立・州立公園を訪れ、スノーケリングやブッシュウォーキングなどアウトドア型の活動の比率も高いことが分かる。また、五三％の旅行者が野生動物園や水族館を訪れている点は、日本人観光客が前にパンフレットの分析で述べた観光のまなざしとしてのコアラやカンガルーなどの動物のイメージを高い比率で「消費」していることを示している。同様に、アウトドア型の活動や公園の訪問などもまた、観光のまなざしと観光地での実践の相関を表わしている。

また、観光客の観光地での実践を観察すると、カメラやビデオカメラでの撮影は、程度の差はあるが誰もが行なう行為である。同様に日記の記述を行なう者も多く、帰国後に写真やビデオを友人や家族に見せたりブログに掲載したりする行為は、一般的に行なわれている。このような旅行者の実践についてアーリは次のよう論じている。「旅行とは、出かける前に、原型としてすでに見ているイメージの自分用に焼き直したものを、現地で指差して、そこに確かに来たということを証明する作業に結局なっているのだ。したがって写真を撮影する行為は、観光のまなざしと親密に結びついている」（アーリ

写真 11-2　観光客の実践

一九九五：二四九）。つまり、撮影を行うことは、自ら抱いていた観光地のイメージを確認する作業であり、それはイメージの消費を行っていることを意味している。この視点は、ブーアスチン（一九七二）が「擬似イベント」と呼んだ旅の性質、つまり旅がメディアによってあらかじめ与えられたイメージを確認する作業であると指摘した点に類似している。また、帰国後の語りや写真を公開することは、場合にもよるが少なからずイメージの再生産に無意識のうちに寄与している点も指摘されうる。

（四）移住者の日常的実践

移住者の日常生活における実践に目を向けると、観光客のそれとは異なる点をいくつか観察することができる。聞き取り調査（計三五人・スノーボールサンプリングにて実施）を行なった移住者のうち九〇年代以降の技術移民の多くは、移住を決断した理由の一つとしてライフスタイル、とくに仕事と余暇のバランスや余暇の活動そのものを挙げた（長友 二〇〇七、二〇一三）。また移住を決定した要因として、旅行の経験と旅行の前後に抱いていたイメージを挙げる方も多かった。聞き取りを行なったほぼすべての移住者は、移住前に観光客あるいはビジネスマンとしてオーストラリアに足を運び「移住のステップとしての観光」（Oigenblick & Kirschenbaum 2002）を行なっている。つまり、観光産業とすでに移住した移住者によって蓄積された社会資本は、将来の移住者の情報源となり、将来の移住者は移住前に旅行によって移住先の社会資本の下見を行なうことができるのである。日本企業のオーストラリア支店に赴任中に移住を決断した男性は次のように述べている。

こっちの支店に配属になったんです。それで非常にこの国が気に入りました。オーストラリアでは釣りやキャンプなどいろんなアウトドアを楽しめます。気軽にボートを出して、テントをつんで。日本ではこうはいきませんよね。

彼のように釣りという明確な趣味があり、それに合った移住およびその仕事を行なう例は、イメージの消費という点では分かりやすい例だが、彼のような例は稀である。ライフスタイルに言及する日本人移住者の多くは、アウトドア活動や余暇活動というよりもむしろ労働と余暇のバランスもしくは日常の一部としての余暇について指摘する方が多かった。たとえば次の二つの語りは、この点を示している。日本ではコンピュータ関連の研究所に勤務し、現在在宅で翻訳業を行なう移住者は、次のように述べている。

余暇で何かを特別にやるってことはないんだよね。近場の公園でお昼を食べたりＢＢＱをしたりして結構楽しめるじゃない。だから余暇は日常の一部になっている感じ。

また、日本でイベントコンパニオンを派遣社員として行ない現在現地日系企業に勤務する三〇代女性は次のように述べている。

（余暇の過ごし方は）自然と戯れにいく形で過ごしていますね。山に行ったり海に行ったり。クイーンズランドって車でいける範囲で行ける所がいっぱいあるから（中略）日本にいるときから海や山が好きなので。でも日本ではそれはちょっと大掛りになってしまっていたんですけど、こっちはそれが生活に溶け込んでいるみたいな形で。

また、教育や子供を育てる環境について述べる移住者も多かった。英語の教育について言及する親よりもむしろ日本の受験中心の教育制度や福祉制度の問題点を指摘する方が多かった。以下の三〇代男性の語りはこの点を示している。

やっぱり子供ができたのもこっちに来るきっかけで、日本で子供を育てるっていうのは経済面でも環境の面でもあまり好ましくない。こっちの方が公園も多いし自然も多いし、のびのび育てられるんじゃないかって思って。

このように移住者の間では、観光イメージの消費というよりはむしろ自らが理想とするライフスタイルをオーストラリアで享受する傾向が強い。ライフスタイルが何を示すかという点は人によって異なるが、筆者が聞き取りを行なった中では仕事と余暇の時間的なバランスや余暇の活動そのものに関する語りが多かった。筆者はこの広義の余暇が移住に深く関連している移住をトランスナショナルな余暇としての移住（Migration as transnational leisure）としてとらえている。つまり、移住生活において余暇の時間や活動は、移住の重要な目的の一つであり、移住生活の重要な要素を占める。これは、過去の移住においては一部の国内移住を除いては見られなかったきわめて現代的な移住形態であり、グローバル化やトランスナショナリズムという理論的文脈と密接に関連している。

彼らの余暇に関する日常的実践を人類学・社会学的に観察すると以下の点を指摘することができる。第一に、彼らの余暇に関する実践の一部は、少なからず前に述べたオーストラリアのイメージの再生産に寄与していることを指摘することができる。フィールドワークを通して知り合った一人の移住者は、余暇の活動を自らのブログに写真とともに詳細に記録していた。家族でのキャンプ・釣り・レストランでの外食など、日常を細かく紹介し、日本からのアクセス数は非常に多い。そのブログには彼が移住の申請を行なった経験やアドバイスも詳細に記録され、移住を予定している日本人にとってオーストラリアでの移住生活のイメージや情報の源となっている。そのような意味で、ブログでの日常生活の掲載は、オーストラリアの移住生活に関するイメージの再生産に無意識のうちに寄与していると見ることができる。

第二に、彼らの余暇の実践はそれ自体トランスナショナルな性格を帯びている点を指摘することができる。アーリ（二〇〇三）が現代における時間と空間にあった関係の変化やその「場所感」にゆがみが生じている点を論じるように、交通網や情報技術の発達によって人々は物理的移動を容易に行なえるようになった。それによってアーリが「消費されるために作られた場所」と論じた観光地は、旅行者だけではなく、同時に移住者にとっても消費される場所となった。とくにライフスタイル移住者は、自らの観光経験あるいはメディアなどによるイメージをもとに実際にその地で生活し余暇の実践を行なう。一般的に彼らライフスタイル移住者は仕事と余暇のバランスを享受し、彼らにとっての余暇とはお金のかかる贅沢なものではなく、日常生活の一部として位置づけられている。たとえば、それは近所の公園でのバーベキュー・釣り・海水浴などであり、ゴルフもオーストラリアでは安価なスポーツとしてとらえられている。彼らは海外に移住するという手段によって日本では得ることのできない余暇のスタイルを享受しているのである。

以上のように日本人移民の余暇の実践を見てみると、彼らの余暇の実践は観光客の写真撮影に見られるような明確な形での消費ではなく、無意識のうちに行なわれるイメージの消費と再生産のプロセスであることが分かる。母国との関係を維持しつつも移住という手段によって余暇および余暇が日常の一部となっているライフスタイルを享受するという移住形態は、トランスナショナルな帰属と余暇の実践および移出国と受入国にまたがるライフコースの選択肢の柔軟性を示す事例であり、現代の文化人類学と社会学におけるトランスナショナリズム論に理論的貢献を果たすものと言えよう。

五　おわりに

本章は、なぜオーストラリアが観光および移住の目的地として日本人に人気を博したかという点について、観光イメージおよび観光客と移住者の実践に注目して論じた。観光客の間ではビーチやコアラなど「観光のまなざし」の対象を消費する傾向が見られた一方で、移住者の間ではライフスタイルを重視し、生活の一部としての余暇を享受する傾向を観察することができた。

グローバル化の進展した今日の主要な観光地には、海外旅行客のみならず国内外からの労働者やリタイアメント移民など、さまざまな移民が流入している。観光地への人間の移動は、本章で述べたイメージの構築と消費という視点以外にも、文化のハイブリッド化現象や新移民と地元住民の間での文化的・政治的相互作用など現代の文化人類学が研究するさまざまな視点を提供しており、今後その重要性を増していくと言えよう。

【もっとくわしく知りたい人のための文献案内】

トムリンソン・J．二〇〇〇『グローバリゼーション―文化帝国主義を超えて』（片岡信訳）　青土社
　グローバル化と近代性の関連や脱領土化概念などグローバル化理論について学べる本。

Glick Schiller, N., Basch, L., & Blanc-Szanton, C. 1992. *Towards a transnational perspective on migration: Race, class, ethnicity, and nationalism reconsidered*. New York: New York Academy of Sciences.
　トランスナショナリズム概念や移住研究におけるその理論の有用性を学べる本。

Smith, V.L. (ed.) 1977. *Hosts and guests: The anthropology of tourism*. Philadelphia: The University of Pennsylvania Press.
　この本から観光人類学は始まった。観光人類学を学ぶ人は必読の本。

アーリ・J．二〇〇三『場所を消費する』（武田篤志ほか訳）　法政大学出版局
　時間と空間に関する社会学的分析を行なう本。レジャー研究、社会学、地理学、カルチュラルスタディーズなどの理論を幅広く含む。

佐藤真知子　一九九一『新・海外定住時代―オーストラリアの日本人』　新潮社
　オーストラリアへの日本人ライフスタイル移民についてモノグラフ的に記述した本。

一二章　ローカルにおけるグローバル文化の展開——タイにおける事例より

ANTHROPOLOGY: FROM ASIAN POINT OF VIEW

齋藤　大輔

【キーワード】
ポピュラー文化、グローバル化、トランスナショナルフロー、ハイブリッド文化、都市

一　はじめに

アジアの国々では、自動車や電化製品に代表されるような、日本の工業製品の進出はよく見られていたが、とくに近年、日本のポピュラー文化のコンテンツの進出が目覚ましい。そのもっとも代表的な例はマンガやアニメであり、日本のマンガやアニメは、国境を越え多くの国々で受容されており、日本という国家のイメージの改善につながるとして、政府主導で政治的に利用されてさえもいる。

このような状況のもっとも大きな要因となっているのが、グローバル化の進展である。これらのポピュラー文化は、トランスナショナルフローとして、メディアを通じ、既存の国境を越えて展開しているのである。無論、この「越える文化」は日本のものだけではない。西欧のポピュラー文化や、他のアジアの国々の文化コンテンツも同様に受容されているのである。そのような文化が実際に展開されているローカルの現場は、多種多様な文化コンテンツが錯綜するなかで、「メディア文化が交通し、混交し、生成し、そして消費される交差空間」(岩渕 二〇〇四)が、アジアの都市部に出現しているような印象を受ける。本章では、このようなポピュラー文化の交差空間における様相を、タイ、とくにバンコクの事例から考察していくことにする。

二　ポピュラー文化という概念とそれを巡る議論

そもそも、ポピュラー文化とはどのような文化のことを指すのであろうか。この概念に対して明白な定義を打ち出すということは、本章においては避けたいと考えている。なぜならば、その定義というものは、多分に恣意的な概念を含んでいるからであり、さほど重要な意味をなさないと考えている。ポピュラー文化の定義に関して、D・ストリナチ（二〇〇三）は、異なる社会、社会の中の異なる集団、歴史的時期の違いでそれぞれ独自のポピュラー文化を生み出しているとも述べている。この点は、「文化」自体の定義が恣意性をもっているのとよく似ている。

また、ポピュラー文化は、その学問的枠組みによってもそのとらえ方が変化してきた。たとえば、T・アドルノに代表されるフランクフルト学派の認識では、ポピュラー文化は、一種の「低俗」な文化とされ、いわゆる「芸術」とは一線を画すものとされている。つまり、「高級文化」（＝芸術）と「低級文化」（＝ポピュラー文化）という図式である。フランクフルト学派にとって、ポピュラー文化は低級文化であり、文化産業によって生産されるものである。そして、結果的にこの文化産業が供給する「商品」を通じて人々の心、行動を支配していくというものである。

しかしながら、このような分析は、数多くの問題点を提示している。一つ目は、大衆文化＝低級文化として、本質主義的に、文化をある一つの固定された有機体としてとらえている点。二つ目は、生産者からのアプローチに終始しており、そこには、消費者、言い換えるならば、オーディエンスが不在のモデルであるというものである。

このようなエリート主義的・本質主義的とも言えるアプローチは、今日に至るまで、さまざまな角度から疑問を投げかけられることになる。その背景には、現代社会自体の急速な変容、それにともなう新たな学問的枠組みが形成されてきたことが挙げられる。

まず「高級文化」と「低級文化」という二項対立的な概念に関しては、F・ジェイムソン（二〇〇六）が、ポストモダニズムという観点から、ポップアート、パンクロック、そして映画も含めた広い範囲の芸術的・文化的実践としてポストモダンをとらえ、共通の特徴として高級モダニズムに対する反発、高級文化と大衆文化の境界の消滅といった傾向を指摘している。

また、オーディエンス不在という点に関しては、主に一九七〇年代より、カルチュラル・スタディーズの立場から批判が生まれることになる。カルチュラル・スタディーズにおいて、オーディエンスは、文化産業による商品の供給を通じての「支配」に対抗していく存在として認識される。この点に関して、とくにI・アング（Ang 1996）は、オーディエンスを行動する主体（active audience）と見なし、オーディエンスが受動的な存在ではないことという認識を示している。また、J・フィスク（一九九八）は、ポピュラーな文化は、社会的被支配階級の文化であり、支配と民衆の対立の図式より形成されるものであるという認識を示している。このようなアプローチは、それまでのフランクフルト学派を始めとする、エリート主義的なアプローチに対する大きな批判となった。

しかし、このようなカルチュラル・スタディーズの認識自体も、結局は支配－抵抗という二項対立の図式に陥っている。とくに、フィスクのように、ポピュラー文化＝対抗文化と見なすことは、現代社会の状況を鑑《かんが》みた場合、困難なものとなっている。その大きな要素の一つは、グローバル化の進展であり、ポピュラー文化がグローバルな規模で、「文化商品」として展開されて、資本と密接に結びついている現状では、先のフィスクのような図式でとらえることは、困難なものとなっているからである。

三　グローバル化とポピュラー文化

ポピュラー文化とグローバル化の議論に関して、まず考慮しなければならない議論の一つが「文化帝国主義論」であろう。この議論は、「文化のアメリカ化」「マクドナルド化」「コカ・コーラ化」と表現されているように、第二次世界大戦後のアメリカの経済力の増大にともない、アメリカの生活様式が「商品」とされ、メディアを通じて輸出され、強大なアメリカ文化は、ローカルの文化にとって代わり、結果として、同質化された文化がローカルの空間に生成されるというものである。

しかしこのようなアプローチはさまざまな角度から批判の対象となる。その最たるものが、グローバル化を、単純な一つの完結したシステムとして見なしていることである。現代の社会は、文化帝国主義論が示した、上から下へ、中央から周縁、そして、一つの強大な文化による画一化をもたらす、単純なシステムとしてのグローバル化とはまったく異なる様相を見せているのである。

A・アパドゥライ（二〇〇四）は、このような状況を、フィナンスケープ、エスノスケープ、メディアスケープ、テクノスケープ、そして、イデオスケープという五つの「風景」で説明している。これらのスケープの関係は、決して体系的なものでも、緩やかに統合されたものでもなく、それらが矛盾や分裂を含んでいるものであり、さらには、今日の移動の高速化が、地景相互の分裂や剥離自体を中心化させており、脱属領化を今日のグローバル化の中心的な傾向と把握している。J・ルル（一九九五）は、「文化的脱領域化」という概念で、文化的商品はローカルのコンテクストによって再文脈化されると述べている。また、R・ロバートソン（一九九五）は、「グローカリゼーション」という概念で、ローカルにおけるグローバル的な「モノ」の生産とローカル化の双方を強調し、ローカルにおけるトランスナショナルな文化フローの適応を説明している。その代表的な例が、後に触れることになる「ハイブリッド文化」のローカルにおける生産であろう。

以上に触れた視座には、文化的なフローがローカルの文化を一方的に飲み込んで、グローバルと同質的な文化を構築していくのではなく、ローカルの空間内において、これらの文化が再構築されていく過程として、グローバル化を考察するということを提示している。さらには、グローバルとローカルという二項対立的な観点ではなく、ローカルをさまざまな要素が絡み合う「空間」として認識していくことが重要なのである。

四　タイにおけるトランスナショナル文化フロー

写真 12-1　タイ語版「Cawaii」と「Ray」

現在、タイにおいてはさまざまな文化商品が流入しており、マンガ、アニメ、映画、音楽などさまざまな輸入された文化商品が消費されている。とくに、日本の文化商品の流入は、一つの大きな潮流といえよう。数年前までは、日本のポピュラー文化といえば、「ドラえもん」「一休さん」が一種のステレオタイプなものであったのが、現在においては、その様相は大きく変化してきているといえよう。たとえば、若者のファッションに大きな影響を与えているのは、日本のファッションであり、近年では、日本の雑誌と提携した雑誌が発行されており、大学生を中心とした若者に読まれている。また、美容室のヘアーカタログは日本のモノがそのまま使われていることが多い。また、最も顕著であるのが、「食」に関する分野であろう。ショッピングモールには、必ずといっていいほど日本食のレストランがあり、コンビニに行けば、緑茶が売られており、日本のお菓子が売られている。また、その内容も多岐にわたってきており、近年では、「博多ラーメン」の専門店も進出し、多くの利用者でにぎわっている。また、バンコクの中心部においてコスプレの大規模な催しが開催され、「メイド喫茶」さえバンコクに進出した。つまりは、日本とタイの間のタイムラグがなくなってきているといえよう。このように、現在のタイにおいては、多くの日本のポピュラー文化のコンテンツが流入し、消費されるという状況

写真 12-2　ウボンラット王女に謁見した浜崎あゆみ

が存在しているのである。

しかし、このような状況は近年に始まったものではない。T・ラックプラユーン（二〇〇二）は、これら日本のポピュラー文化の流入は、第二次世界大戦後からすでに始まっており、マンガに関しては、第二次世界大戦の際に、日本軍の兵士が持ちこんだものであると分析している。しかしながら、それらは、現在のような活発な流入ではなく、またローカルの人々に広く受け入れられたとはいいがたいものであった。事実、一九七〇年代の後半には、外国製品・文化の流入に対して、多くの反発が起こり、不買運動が起こっていたのである。

その後、一九八〇年代と一九九〇年代を通じ、タイにおけるポピュラー文化を取り巻く社会状況は大きく変化していった。その要因の一つとして考えられるのが、「都市中間層」の出現・増大であろう。その一つのバロメーターとなるのが、高等教育機関の拡充である。一九六〇年代には、全国規模で一〇校にも満たなかった大学の総数はその数倍に増加し、在籍者総数でいえば、一九七七年度には二一万人であったのが、二〇〇〇年には一六〇万人へと達している。彼らは、新しいモノに対する消費に関して敏感であり、これらの文化商品の国内市場という観点では大きく成長した。同時に、有力な国内市場を得たタイにおけるポピュラー文化は、大規模な文化産業の設立を促し、この産業が提供する商品としての音楽の流通量・ジャンルともに増加してきた。現在、タイ最大のメディアコングロマリットである、GMMグラミー社も一九八〇年代初頭に設立され、九〇年代に大きく成長している。

国内の文化商品の生産・消費の拡大とともに、国外の文化商品に対する関心も大きく高まってきた。ラジオ・テレビの媒体では日本のTVや音楽を特集する番組もこの八〇年代に始まっている（ラックプラユーン　前掲書）。このようなメディアを通じて、一九九〇年代以降、日本のTV番組や音楽などが、メディアを通じて盛んに消費されるようになった。そのような日本のポピュラー文化が社会的にも受け入れられたことを示す一つの事例がある。それは、二〇〇三年度には、浜崎あゆみが、タイのウボンラット王女に謁見を果たしたことである。この出来事は、王族の力が社会的に大きな意味をもつタイ社会であるということを念頭に置いた際、日本のポピュラー文化が社会的に広く受け入れられている一つの表象であるものであると考えられよう。

しかしながら、たとえば「食」と比較すると、タイにおける日本のポピュラー文化というものが、実際のところそれほど大きな勢力となっていないものも事実である。その理由として考えられるのが、さまざまな文化が交錯する「交錯地帯」として確立されており、他の多くの国々の文化商品もまた同時に流入し、消費されていることである。近年の例では、TVに関しては、日本においても話題となった「韓流」がその一つの事例であろう。タイにおけるTV・映画に関しては、「韓流」が「日流」を、人気・量とも凌駕しているように見てとれる。二〇〇五年に、韓国の人気ドラマの「チャングムの誓い」がタイで放映され、最終回の日は、ニュースで取り上げられ、その放映時間帯は、人通りが少なくなっていたという報道もされていたように、大きな反響を巻き起こしていた。このような事例は、タイにおけるトランスナショナルフローの供給先は、必ずしも一つではないということであり、さまざまな国々からの文化商品が流れ込んでいる現状を物語っている。

五　グローバルコンテンツの流用と生産——「ハイブリッド」的音楽ジャンルの生成

タイにおいて、トランスナショナルな文化フローが商品として、多く流入しており、それが消費されている現状は、先の日本のポピュラー文化の事例から明らかである。こと、バンコクに関しては、いささか手垢のついた表現であるが「グローバルシティ」としての空間が形成されているように感じる。では、バンコクという空間は、そのトランスナショナルな文化フローを単に消費する空間であるのだろうか。その答えとして、タイにおけるポピュラー音楽に関する二つの事例から考察していきたい。

一九七〇年代、タイは軍事政権の時代であり、学生を中心に反政府運動が盛んに行なわれていた。その政権に対する一つの手段として使われたのが、音楽である。この音楽の形態はプレーン・プア・チーウィット（人生のための歌）と呼ばれるものである。この音楽は、当時の反体制歌として世界的流行となった、ボブ・ディラン等に代表されるような、フォークソングのコンテンツを取り入れたものである。この音楽は、当時の反体制の主体であった、学生たちの間で広く歌われることになり、今で言う「アンダーグラウンド」のバンドが多数結成された。これらの音楽は、当時のメディアを通じて広まることはなく、むしろ「反体制的」なモノとして、その流通は厳しく制限されていた。

【コラム】

タイにおける若者のナイトライフ

タイにおける若者のナイトライフで無視できないのが、「パブ」という存在である。「パブ」という語からは、いわゆるイギリス風のパブを想像しがちであるが、タイの場合「パブ」という施設は、レストランとクラブを足して二で割ったような場所であると考えるのが適当である。どの店にも、ＤＪブースがあり、店によっては、ライブステージもあり、大音量で音楽が流されている。これらの店舗は都市部のいたるところにあり、その規模も体育館のような大きなものから、一軒家を改造した小規模なものまで、多種多様である。近年では、ソファーなどを置き高級感を演出し、踊るというよりも、座って楽しむというスタイルがとくに人気を集めている。近年の、ラップミュージックの大流行で、ほとんどすべての「パブ」でこのジャンルの音楽が流されている。つまり、どこの「パブ」においても流される音楽に大差はない。そこで人気の差を生みだしているのは、その店における雰囲気と立地である。たとえば、バンコクで高級住宅街と見なされている地域の一角にある「パブ」は、ほぼ同様の水準であるが、歓楽街の一角にある「パブ」よりは、高級でファッショナブルなものとして認識されている。立地環境が記号的に消費されている一例であろう。また、これらの若者の行動は、メディア等の報道では、ネガティブなものとして見なされることが多く、二〇〇六年九月に崩壊したタクシン政権の下では、これらの施設に対し、営業時間の制限や定期的な捜査を行ない、薬物が氾濫しているという噂の「パブ」などは閉店に追い込まれてきた。これらの対策が、功を奏したのか、以前よりも「パブ」における薬物使用や未成年の飲酒・喫煙は、改善されたものの、若者の「夜遊び」自体を抑制することはできなかったようである。

写真 12-3　パブに集まる若者

八〇年代に入り、学生運動並びに反政府運動が下火になると、この「反体制的」な音楽は、商品価値が認められ、この時期にポピュラー音楽の一ジャンルとなってきた（Sriyuvasak 2004）。このような商品化の一例は、プレーン・プア・チーウィットの代表的な歌手であるカラバオのあるアルバムから見てとれる。その曲のタイトルは「メイド・イン・タイランド」というものであり、内容は、外国の製品ではなく、タイの国産品を愛用しようということを呼びかける内容であるが、そのアルバムの裏面にはコカ・コーラのプリントがなされており、そのキャッチフレーズとして「コカ・コーラは、メイド・イン・タイランドを応援します」というような内容の文が書かれている。

一方、ラップミュージックは、ごく近年の流行である。たとえば、バンコクのクラブシーンにおいては、数年前までダンスミュージックが主流であったものが、現在では、ヒップホップがその主流となっている。これらの音楽を流すパブ・クラブは、週末には、多くのタイ人の若者でにぎわっている。

ラップミュージックは、一九七〇年代にアメリカのアフリカン・エスニシティに起源をなすものである。当初は、ギャング間の抗争を回避する手段の一つとしてもラップミュージックが使われていた。そして、この音楽が文化産業に代表されるような、資本主義の枠組みに取り込まれていくなかで他のエスニシティにも受容されていくのみならず、世界中に流通する有力な文化商品の一つとなっている。この状況を、ベネット（二〇〇〇）は、「ラップミュージックは、おそらく二〇世紀後期のポピュラー音楽の中でも、地球規模で最も成功したジャンルの一つである」と述べている。この考察は、あながち大きく間違っているとは言えないであろう。事実、アメリカ以外の多くの国々で、このジャンルの音楽が広く受容されている。さらには、今日のローカルの現場において、テレビ、ラジオ、インターネットなどのメディア、または、クラブやパブなどの空間を通じてアメリカのラップミュージックが消費されているのみならず、ローカル側はこのグローバルの文化形態を流用した、ハイブリッドな文化商品としてのラップミュージックが生産・消費されている。欧米諸国の場合、ラップミュージックは、エスニック・マイノリティと結びついている。たとえば、フランスの場合、多くのアフリカ系の移民が暮らしており、彼らの間では、ラップミュージックが「対抗」の手段の一つとして使われている。オーストラリアの場合にも、似たようなケースが報告されている（Condry 2001）。

写真 12-4　雑誌の表紙を飾るタイのラッパー

タイにおけるラップミュージックの生産は、一九八〇年代に、ラップミュージック自体のコンテンツはすでに流入していたものの、実質的な生産は、一九九〇年代半ば以降のことである。この時期のタイにおけるラップミュージック生産はアンダーグラウンドの時代であったと言えよう。現在、タイを代表するラッパーも、当時はインディペンデントのレーベルよりアルバムをリリースしていた。また、数名のアーティストが、ラップの要素を取り入れていたものの、現在の状況と比較すると限定的な現象であったといえるであろう。また、そのようなジャンルの音楽があるということ自体が多くの人には知られていなかったと言えよう。

彼らの存在自体が、社会に広く知られるようになるのは、二〇〇〇年以降のことである。そのきっかけとなったのが、二〇〇一年にあるラッパーが、社会的に不適切な歌詞を広めたという容疑で、逮捕されたことである。このニュースは、マスメディアを通じて、「社会的な悪」であると広く伝えられたものの、皮肉なことに、結果的に、多くの人々に「タイ・ラップミュージック」という存在を伝えることになったのである。

これら二つの音楽の特徴として、まず音楽自体のハイブリッド性が挙げられる。双方とも、その時代は異なるが、西欧の音楽のコンテンツを取り入れたものであるという共通点がある。そのコンテンツが、ローカルの人々の再解釈の結果、それぞれの音楽にローカルの要素が取り込まれているのである。プレーン・プア・チーウィットはその当時の世界的な反体制の運動のなかにおいて生まれたものであり、アメリカで生まれたフォークロックの影響を多分に受けている。しかしながら、双方とも、歌詞のコンテンツは、タイのローカルに根ざしたものであり、またこれらの音楽も「タイらしさ」とさらに融合を進めている。双方の音楽の歌詞は、若者の価値観を反映している内容になっている。ラッパーの中には、「ラップミュージックはプレーン・プア・チーウィットである」と述べていることからも分かるように、コンテンツ自体にも一種の共通性があるのである。

二つ目は、双方の音楽が、アンダーグラウンドの時代には、「反社会的」なものというラベルを張られており、一般的な商品としての流通は制限されていた。しかしながら、今日においては、これらの音楽は商品としてタイ国内で流通し消費されており、大規模なコンサートも開催されている。その要因としては、やはりこれらの音楽ジャンルの商品価値が認められ、アーティスト自体が、大手のレコード会社と契約してきたことが大きく影響している。タイにおけるラップミュージックは、プレーン・プア・チーウィットの場合と同様に、アンダーグラウンドからメインストリームという過程を経てきたのである。彼らは、メディアに露出する回数も増え、現在では、若者を中心に大きな支持を得ているのである。このように、プレーン・プア・チーウィットとタイ・ラップミュージックは、その流行した時代こそ異なるものの、その商品として流通するまでのプロセスには、一種の共通性があるのである。

六　まとめ

これまで見てきたように、グローバル文化とローカル文化の関係は、単純な一方通行の過程に還元されるような単純なものではなく、中心の支配的な文化が、一方的に周縁を飲み込んでいくものでもないということは、タイの事例からでも明らかである。ローカルは、グローバルの文化コンテンツを、ローカルの枠組みの中で、受容・消費するだけでなく、混成化を通じて再編成しているのである。それは、タイにおいてハイブリッドな文化を生産し、国内市場に広く流通している事実からも明らかである。

さらには、グローバル化が「上」から「下」、「中心」から「周縁」の一方向のプロセスでないことは、タイのアーティスト自身が、近年ではタイ国内での活動にとどまらず、国境を越えた活動も模索していることからもうかがえる。ある有名なラッパーのコンサートの際、日本や韓国のような、同じようにラップを受容した国々のアーティストと共演をしたり、またある他の有名なラッパーは日本のラッパーとも連携したりして、アルバム制作を行なっている。両者とも、「アジア」という空間を視野に入れて活動していると、著者のインタビューの際に述べていた。また、他のジャンルのポピュラー音楽でも、タイのミュージシャンが、逆に日本での活動を始めるケースも出てきている。タタ・ヤンは昨年日本で新曲を出し、オリコン一〇位以内を記録し、ごく最近では、ゴルフ&マイクというアイドルも、日本での活動を始めている。

しかしながら、同時に、グローバル化とは、それ自体が不均衡をはらんだ過程であり、ローカル内の社会において、それに取り込まれる人と排除される人を生み出しているのである。「グローバルシティ」という空間の形成は、タイの事例においては、国内全体の一部の「都市」という空間のものであり、さらには、それらの都市の中においても、また一部の人々が享受しているものである。このような状況を、岩渕功一は、「メディア文化のつながりとして、なによりも文化産業の連携であり、その主なターゲット層である都市部の比較的裕福な若者の間のものである。その大都市の間の偏ったつながりは、あまりにも多くの地域の人々が排除されてしまっている」と述べている（岩渕二〇〇四）。また、グローバル化自体が、世界規模での資本主義のプロセスの進展という側面を有しており、ポピュラー文化が商品であることを前提にしている以上、そこには、常に資本の提携が存在している。先のタイの「ハイブリッド」文化のメインストリーム化、また、タイ・ポピュラーミュージックの海外進出に関しても、レコード産業のような文化産業が大きくかかわっている。

最後になるが、グローバル化は、グローバル化にともなうフローが展開されるローカルの空間において、新しい種の「グローカル文化」を生成するプロセスである。さらには、その「グローカル文化」が、グローバルに展開される可能性をはらんだプロセスであるということは一つの事実である。しかしながら、既存の差異がさらに強化、もしくは再編成されて、新たな差異が生成されるプロセスでもあるということも、認識していく必要がある。

〈謝辞〉本章の現地調査の一部に関しては、財団法人福岡アジア都市研究所による二〇〇六年度若手研究者助成制度を受けて行なったものが一部含まれている。この場を借りて、財団法人福岡アジア都市研究所の関係者の方々にお礼を申し上げる次第です。

【もっとくわしく知りたい人のための文献案内】

アルジュン・アパドゥライ　二〇〇四『さまよえる近代―グローバル化の文化研究』（門田健一訳）平凡社
文化とグローバル化に関する議論に関して、多くの視座を与えてくれる好著。
岩渕功一（編）二〇〇四『越える文化、交錯する境界―トランス・アジアを翔るメディア文化』世界思想社
アジアにおける、ポピュラー文化のトランスナショナルな展開に関して、さまざまな立場の著者より論じられている。
Tony Mitchell (eds.) 2001 *Global Noise: Rap and Hip-Hop outside the USA*, Middletown, CT: Wesleyan University Press
アメリカ国外のラップミュージックやヒップホップ文化に関してまとめられた大著。ヒップホップ文化が世界中に展開している事実を再確認させられる。普段われわれがあまり馴染みない国々のラップミュージックの状況に関しても網羅。英文献のため読み応えがある

が、ラップミュージックに興味がある人にはお勧め。
ドミニク・ストリナチ　二〇〇三『ポピュラー文化論を学ぶ人のために』世界思想社
ポピュラー文化論研究の学説史をまとめた一冊。古典的な学派からポストモダンまで、ポピュラー文化研究に関する諸理論を紹介している。ポピュラー文化研究の最適な入門書。

引用文献

序 章

Appadurai, A. 2001 *Globalization.* Duku University Press.

アパデュライ・A．二〇〇四 『さまよえる近代—グローバル化の文化研究』（門田健一訳） 平凡社

有元 健・小笠原博毅編 二〇〇五 『サッカーの詩学と政治学』 人文書院

綾部恒雄編 二〇〇二 『文化人類学最新術語100』 弘文堂（特に、桑山敬己「グローバリゼーション」、大谷裕文「トランスナショナリズム」「ポストコロニアル」の項目）

綾部恒雄・桑山敬己編 二〇〇六 『よくわかる文化人類学』 ミネルヴァ書房

Clifford, J. 1992 Traveling culture. In L. Crosberg, & P. Treichler (eds.), *Cultural studies.* Routledge. pp.96-116.

菊 幸一・清水 輸・仲澤 眞・松村和則編著 二〇〇六 『現代スポーツのパースペクティブ』 大修館書店

サイード・E．一九七八（一九九三） 『オリエンタリズム』（今沢紀子訳） 平凡社

Robertson, R. 1995 Time-space and homogeneity-heterogeneity. In M. Featherstone, S. Lash, & R. Robertson (eds.), *Global modernities.* London: Sage.

山下晋司 一九九八 『儀礼の政治学—インドネシア・トラジャの動態的民族誌』 弘文堂

山下晋司（編著） 二〇〇五 『文化人類学入門—古典と現代をつなぐ二十のモデル』 弘文堂

山下晋司・船曳健夫 一九九八 『文化人類学のキーワード』 有斐閣

米山俊直・谷 泰 一九九一 『文化人類学を学ぶ人のために』 世界思想社

第一章

アンダーソン・B．一九九七 『想像の共同体—ナショナリズムの起源と流行』（増補版）（白石さや、白石 隆訳） NTT出版

井上 徹 二〇〇〇 「中国における宗族の伝統」 吉原和男・鈴木正崇・末成道男編 『〈血縁〉の再構築—東アジアにおける父系出自と同姓結合』 風響社 四五—七一頁

末成道男 一九九五 「ベトナムの「家譜」」『東洋文化研究所紀要』（東京大学東洋文化研究所編） 一二七号 一—四二頁

竹田 旦 一九七〇 『「家」をめぐる民俗研究』 弘文堂

内藤莞爾 一九七三 『末子相続の研究』 弘文堂

宮嶋博史 一九九五 『両班（ヤンバン）—李朝社会の特権階層』 中央公論社

第二章

趙 恵貞 二〇〇二（一九八八） 『韓国社会とジェンダー』（春木育美訳） 法政大学出版局

ギルモア・D．一九九四（一九九〇） 『「男らしさ」の人類学』（前田俊子訳） 春秋社

仁科健一・舘野 哲編 一九九五 『新韓国読本3 韓国新世代事情』 社会評論社
多賀 太 二〇〇六 『男らしさの社会学』 世界思想社
上野千鶴子 一九八六 『女は世界を救えるか』 勁草書房
上野千鶴子 二〇〇二 「セクシュアリティ」井上輝子・上野千鶴子・江原由美子・大沢真理・加納実紀代編『岩波 女性学事典』 岩波書店 二九三-二九五頁
宇田川妙子 二〇〇三 「ジェンダーの人類学―その限界から新たな展開に向けて」綾部恒雄編『文化人類学のフロンティア』 ミネルヴァ書房 一五七-一八五頁

第三章

Fong, V.L. 2002 "China's one-child policy and the empowerment of urban daughters." *American Anthropologist*, **104**(4), 1098-1190.
Harris, M. 1987 *Cultural anthropology*. New York: Harper & Row, Publishers.
費 孝通 一九八五 『生育制度―中国の家族と社会』(横山廣子訳) 東京大学出版会
Hudson, V. M., & den Boer, A. 2004 *Bare branches: The security implications of Asia's surplus male population*. MIT Press.
柏木惠子 一九九八 「社会変動と家族発達―子どもの価値・親の価値」 柏木惠子編 『結婚・家族の心理学』 ミネルヴァ書房
Miller, B. D. 2001 Female-selective abortion in Asia: Patterns, policies, and debates, *American Anthropologist*, **103**(4), 1083-1095.
坂元一光 二〇〇六 『アジアの子どもと教育文化―人類学的視角と方法』 九州大学出版会
須藤健一 一九八九 『母系社会の構造―サンゴ礁の島々の民族誌』 紀伊國屋書店
高橋重郷他 二〇〇三 「第一二回出生動向基本調査 結婚と出産に関する全国調査―夫婦調査の結果概要」『人口問題研究』 五九巻一号
Williamson, N. E. 1976 *Sons or daughters: A cross-cultural survey of parental preference*. Sage Publications.
柳 岸津 一九八六 『韓国の伝統育児方式』 ソウル大学出版部
山地久美子 二〇〇六 「韓国の人口政策―少子化・男児選好・リプロダクティブ・ヘルス/ライツ」『性と生殖・国家の政策』お茶の水女子大学二一世紀COEプログラム「ジェンダー研究のフロンティア」報告書
Zelizer, V. A. 1985 *Pricing the priceless child: The changing social value of children*. Basic Books, Inc.

第四章

Bell, C. 1997 *Ritual perspectives and dimensions*. Oxford University Press. pp.1-89.
カスタネダ・C. 一九九三 『未知の次元―呪術師ドン・ファンとの対話』(青木 保監修、名谷一郎訳) 講談社
デュルケム・E. 一九一二(一九七五)『宗教生活の原初形態(上)・(下)』(古野清人訳) 岩波文庫
ドーキンス・R. 二〇〇七 『神は妄想である―宗教との決別』(垂水雄二訳) 早川書房

フレイザー・J. 一九二五（一八九〇）『金枝篇（一〜五）』（永橋卓介訳） 岩波書店
ギアツ・C. 一九七三（一九八七）『文化の解釈学I』（吉田禎吾ほか訳） 岩波書店 一四五－二二五頁
浜本 満 一九八五「憑依霊としての白人―東アフリカの憑依霊信仰についての一考察」『社会人類学年報』一一巻 三〇－六〇頁
浜本 満 一九八五「呪術―ある『非科学』の素描」『理想』六二八号 一〇八－一二四頁
浜本 満 一九八九「不幸の出来事―不幸の語りにおける「原因」と「非原因」」吉田禎吾編『異文化の解読』平河出版社 五六－九二頁
浜本 満 二〇〇一「対比する語りの誤謬―キドゥルマと神秘的制裁」杉島敬志編『人類学的実践の再構築』二〇四－二二五頁
リーチ・E. 一九八一『文化とコミュニケーション』（青木 保・宮坂敬造訳） 紀伊國屋書店
Lewis, I. M. 1970 A structural approach to witchcraft and spirit-possession. In M. Douglas (ed.), ***Witchcraft: Confessions & Accusations***. Tavistock Publications.
オートナー・S. 一九七四（一九八七）「女性と男性の関係は、自然と文化の関係か?」E.アードナー、S.オートナー他『男が文化で、女は自然か?―性差の文化人類学』 晶文社 八三－一一七頁
ランドール・L. 二〇〇七『ワープする宇宙―五次元時空の謎を解く』（向山信治・塩原通緒訳） 日本放送出版協会
サール・J. R. 一九八六『言語行為―言語哲学への試論』（坂元百大・土屋 俊訳） 勁草書房
Tambiah, S 1984 ***The buddhist saints of the forest and the cult of amulets***. Cambridge University Press.
Tambiah, S 1985a Form and meaning of magical acts. In ***Culture, thought and social action***. Harvard University Press. pp.60-86.
Tambiah, S 1985b A Thai cult of healing through mediation. In ***Culture, thought and social action***. Harvard University Press. pp.87-122.
Wagner, R. 1971 ***Habu: The innovation of meaning in daribi religion***. University of Chicago Press. pp. 55-84.
Wagner, R. 1978 ***Lethal speech: Daribi myth as symbolic obviation***. Cornell University Press. pp.19-63.

第五章

Dunn, F. L. 1976 Traditional Asian medicine and cosmopolitan medicine as adaptive systems. In C. Leslie (ed.), ***Asian medical systems: A comparative study***. pp.133-58.
江淵一公 二〇〇二『文化人類学』 放送大学教育振興会
フォスター・G. M.・アンダーソン・D. 一九八七『医療人類学』（中川米造監訳） リブロポート
ヘブディッジ・D. 一九八六『サブカルチャー―スタイルの意味するもの』（山口淑子訳） 未来社
飯田淳子 二〇〇六『タイ・マッサージの民族誌―「タイ式医療」の生成過程における身体と実践』 明石書店
池田光穂 二〇〇一『実践の医療人類学―中央アメリカ・ヘルスケアシステムにおける医療の地政学的展開』 世界思想社
Katayama, T. 1999 The AIDS problem in Thailand and its socio-cultural context. ***Journal of Asian-Pacific Studies***, **5**, pp.5-14.
片山隆裕 二〇〇四「タイにおける開発パラダイムの転換とエイズ対策―チェンマイ県サンパトン郡の事例を中心に」『国際文化論

集』（西南学院大学） 第十八巻二号
中野明希子 二〇〇七 「「ＨＩＶポジティブ」という実践に関する一考察―マレーシアの事例から」（西南学院大学大学院 国際文化研究科修士論文 未刊）
波平恵美子 一九八四 『病気と治療の文化人類学』 海鳴社
波平恵美子 二〇〇二 「人間と死」『文化人類学［カレッジ版］第二版』 医学書院
小田 亮 二〇〇二 「同一性の政治学」 綾部恒雄編 『文化人類学 最新術語100』 弘文堂
ポンパイチット・P. 一九九二 『マッサージ・ガール』（田中紀子訳） 同文舘
ソンタグ・S. 一九九〇 『エイズとその隠喩』（富山太佳夫訳） みすず書房
田辺繁治 二〇〇三 『生き方の人類学―実践とは何か』 講談社
UNAIDS 2006 ***Report of the global AIDS epidemic.***
UNAIDS/WHO 2006 ***AIDS epidemic update 2006.***
UNAIDS, AIDS Division, Northnet Foundation, & R&D Center for Traditional Medicine 2001 ***Lanna traditional medicine as a dimensional response-A case study in Northern Thailand.***

第六章

Aida, T. V. 2006 ***Resource kit on mining issues in Mindanao.*** Philippines: Alternate Forum for Research in Mindanao, Inc.
青柳まちこ編 二〇〇〇 『開発の文化人類学』 古今書院
合田 濤 二〇〇五 「解説 東南アジア島嶼部」 綾部恒雄監修 『講座 世界の先住民族―東南アジア』 明石書店 二〇〇－二〇八頁
池端雪浦・生田 滋 一九七七 「フィリピン」 池端雪浦・生田 滋編 『東南アジア現代史―フィリピン・マレーシア・シンガポール』 山川出版社 三－一七二頁
大仲千華 二〇〇三 『民族・開発・紛争予防―不平等と差別の是正に向けて』 平成一四年度国際協力事業団準客員研究員報告書
Scott, W. H. 1982 Creation of a cultural minority. ***Cracks in the parchment curtain.*** Philippines: New Day Publishers. pp.28-41.
玉置泰明 二〇〇六 「都市、市民社会、国家とマイノリティ」 『東南アジア地方都市における都市化とエスニシティ形成の社会人類学的研究』 科学研究費補助金研究成果報告書（平成一四～一七年度、課題番号一四二五一〇〇七） 六一－七五頁

第七章

アーリ・J. 一九九五 『観光のまなざし―現代社会におけるレジャーと旅行』（加太宏邦訳） 法政大学出版局
Appadurai, A. 1990 Disjuncture and difference in the global cultural economy. In M. Featherstone, S. Lash, & R. Robertson（eds.）, *Global modernities.* London: Sage Publication. pp.295-310.

Cohen, 1996 *Thai tourism*. Lotus Book.
橋本和也 一九九九 『観光人類学の戦略—文化の売り方・売られ方』 世界思想社
石森秀三 一九九二 「新しい観光学の提唱—観光ルネッサンス」『中央公論』 一二八五号 二五七－二六六頁
石森秀三編 一九九三 『観光の二十世紀』 ドメス出版
MacCannell, D. 1992 *Empty meeting grounds: The tourist papers*. London: Routledge.
片山隆裕 二〇〇六 「タイにおける山岳少数民族ツーリズム—歴史的経緯、影響、そして持続可能な観光開発の試み」『国際文化論集』（西南学院大学） 二十一巻一号
リーチ・E. 一九八一 『文化とコミュニケーション』（青木 保・宮坂敬三訳） 紀伊國屋書店
Nash, D. 1995 Prospects for tourism study in anthropology. In A. Ahmed, & C. Shore (eds.), *The future of anthropology: Its relevance to the contemporary world*. London and Atlantic Highlands. pp.79-202.
大谷裕文 二〇〇六 「グローバル化とレトロ観光—ニュージーランド・クライストチャーチの近代観光遺産」（西南学院大学公開講座講演レジュメ 未刊）
Smith, V. L. (ed.) 1977 *Hosts and guests: The anthropology of tourism*. University of Pennsylvania Press.（三村浩史監訳 一九九一『観光・リゾート開発の人類学—ホスト&ゲスト論でみる地域文化の対応』 勁草書房）
WTO 2006 *Facts and figures: International tourists 1995-2006*. (http://www. unwto.org/)
山下晋司編 一九九六 『観光人類学』 新曜社
山下晋司 一九九九 『バリ—観光人類学のレッスン』 東京大学出版会

第八章

Alfian, T. I. 2006 Aceh and the Holy War (Prang Sabil). In A. Reid (ed.), *Verandah of violence: The background to the Aceh problem*. Singapore University Press. pp.109-120.
綾部恒雄 一九八七 「エスニシティ」『文化人類学事典』 弘文堂 一〇三頁
古沢希代子・松野明久 一九九三 『ナクロマ—東ティモール民族独立小史』 日本評論社
ギアイ・B. 二〇〇七 「非暴力のパプア実現を」『毎日新聞』二〇〇七年一月二二日
畑 宏幸 二〇〇六 「持続的経済成長と貧困削減を目指す」 山田満編 『東ティモールを知るための五〇章』 明石書店 一三〇－一三四頁
インドネシア民主化支援ネットワーク 二〇〇六 「特集 アチェの声—紛争と津波を乗り越えて・人々のためのアジェンダ?—アチェ津波後の援助」 インドネシア民主化支援ネットワーク編 『*Indonesia alternative information*』 八三号 二－八頁
井上浩子 二〇〇七 「東ティモールの独立—トランスナショナル市民社会論を手がかりに」『東北大学法学部紀要』 第七一巻第三号 三七七－四一五頁

小林　誠　二〇〇三「グローバリゼーション」西川長夫・大空　博・姫岡とし子・夏　剛編『グローバル化を読み解く八八のキーワード』平凡社　八二－八五頁
松野明久　二〇〇六「軽んじ見られた公用語」山田　満編『東ティモールを知るための五〇章』明石書店　二四五－二四九頁
Nicol, B.　2002　***Timor: A Nation Reborn.*** Jakarta: Equinox Publishing.
大塚柳太郎　一九八七「パプア諸族」『文化人類学事典』弘文堂　六〇七－六〇八頁
パクパハン・R．一九九九『東ティモール―独立への道』（インドネシア民主化支援ネットワーク訳）コモンズ
佐伯奈津子　二〇〇五『アチェの声―戦争・日常・津波』コモンズ
関本照夫　一九九一「民族」『インドネシアの事典』同朋舎　六－七頁
Sulaiman, M. I.　2006　From autonomy to periphery: A critical evaluation of the Acehnese nationalist movement, In A. Reid (Ed.), ***Verandah of violence: The background to the Aceh problem.*** Singapore University Press. pp.121-148.
高橋奈緒子・益岡　賢・文殊幹夫　一九九九『東ティモール―奪われた独立・自由への戦い』東ティモールに自由を！全国協議会
高橋奈緒子・益岡　賢・文殊幹夫　二〇〇〇『東ティモール２「住民投票」後の状況と「正義」の行方』明石書店
Tambiah, S. J.　1976　***World conqueror and world renouncer: A study of buddhism and polity in Thailand against a historical background.*** Cambridge University Press.
ティウォン・S．二〇〇二『軍が支配する国インドネシア』（福家洋介・岡本幸江・風間純子訳）コモンズ
津留歴子　二〇〇三「パプア―モーニング・スター旗に託した独立への思い」インドネシア民主化支援ネットワーク編『失敗のインドネシア―民主化・改革はついえたのか』コモンズ　六八－七八頁

第九章

小此木政夫　一九九七『北朝鮮ハンドブック』講談社
韓　景旭　二〇〇六『ある北朝鮮兵士の告白』新潮社
「ヒト」の移動の社会史編集委員会編　一九九八『ヒトの移動と社会史』刀水書房
松本宣郎・山田勝芳編　一九九八『移動の地域史』山川出版社
山下晋司他　一九九六『移動の民族誌』岩波書店

第一〇章

植芝吉祥丸　一九九九『合気道開祖　植芝盛平伝（改訂版）』出版芸術社
植芝吉祥丸　一九九五『合気道一路―戦後合気道発展への風と雲』出版芸術社
稲賀繁美　二〇〇五「「合気道」の近代―その戦前から戦後への断絶と継承―武術・武藝・武道の周辺を巡って」クロッペンシュタイン・E・鈴木貞美編『日本文化の連続性と非連続性』勉誠出版　二九七－三二一頁

井上俊　二〇〇〇　『スポーツと芸術の社会学』　世界思想社
井上俊　二〇〇四　『武道の誕生』　吉川弘文館
プラニン・S・編　一九九二　『武田惣角と大東流合気柔術』　合気ニュース
プラニン・S・編　一九九五　『続―植芝盛平と合気道』　合気ニュース
富木謙司　一九九一　『武道論』　大修館書店

第一一章

ABS（Australian Bureau of Statistics）　2001　*2001 Census*. Canberra: ABS.
Appadurai, A.　1990　Disjuncture and difference in the global cultural economy. *Public Culture*, **2**(2), 1-24.
アーリ・J.　一九九五　『観光のまなざし―現代社会におけるレジャーと旅行』（加太宏邦訳）　法政大学出版局
アーリ・J.　二〇〇三　『場所を消費する』（武田篤志ほか訳）　法政大学出版局
Bhattacharyva, D. P.　1997　Mediating India: An analysis of a guidebook. *Annals of Tourism Research*, **24**(2), 371-389.
Boorstin, D. J.　1972　*The image: A guide to pseudo-events in America*. New York: Atheneum.
外務省　二〇一二　『海外在留邦人統計』　外務省
García Canclini, N.　1995　*Hybrid cultures: Strategies for entering and leaving modernity*. Minneapolis: University of Minnesota Press.
Glick Schiller, N., Basch, L., & Blanc-Szanton, C.　1992　*Towards a transnational perspective on migration: Race, class, ethnicity, and nationalism reconsidered*. New York: New York Academy of Sciences.
Ip, D., Yeung, A. K. C., Lam, I., Lee, K. & Choong, K. W.　2003　*Prospect of health tourism development in Hong Kong*. *Hong Kong*: Division of Social Studies, City University of Hong Kong.
岩渕功一　二〇〇一　『トランスナショナル・ジャパン―アジアをつなぐポピュラー文化』　岩波書店
Jupp, J.　2002　*From white Australia to woomera: The story of Austalian immigration*. Cambridge: Cambridge University Press.
Kearney, M.　2004　*Changing fields of anthropology: From local to global*. Lanham: Rowman & Littlefield Publishers, Inc.
国土交通省　二〇〇一　『観光白書』　国土交通省
国土交通省　二〇一二　『観光白書』　国土交通省
Nagatomo, J.　2007　Japanese lifestyle migration to Australia: New migrants in the era of transnationalism. *Bulletin of Kyusyu Anthropological Association*, **34**, 1-22.
長友淳　二〇〇七　「九〇年代日本社会における社会変動とオーストラリアへの日本人移民―ライフスタイル価値観の変化と移住のつながり」『オーストラリア研究紀要』　三三巻　一七七‐二〇〇頁
長友淳　二〇一三　『日本社会を「逃れる」―オーストラリアへのライフスタイル移住』　彩流社
小熊英二　一九九五　『単一民族神話の起源―「日本人」の自画像の系譜』　新曜社

Oigenblick, L., & Kirschenbaum, A. 2002 Tourism and immigration: Comparing alternative approaches. ***Annals of Tourism Research***. **29**(4), 1086-1100.
Robertson, R. 1995 Time-space and homogeneity-heterogeneity. In Featherstone, M., Lash, S., & Robertson, R. ***Global modernities***. London; Thousand Oaks: Sage.
佐藤真知子 一九九一 『新・海外定住時代：オーストラリアの日本人』 新潮社
Tourism Australia 2005 Japan visitor profile. Available from http://www.tourism.australia.com/content/japan/profiles_2005/japan_visitor_analysis_05.pdf [Accessed 24 November 2005].
Tourism Queensland. 2004 ***International market update year ended June 2004***. Brisbane: Tourism Queensland.

第一二章

Ang, I. 1996 ***Living room wars***. London: Routledge.
アパドゥライ・A． 二〇〇四 『さまよえる近代―グローバル化の文化研究』 平凡社
Bennett, A. 2000 ***Popular music and youth culture***. Macmillan Press.
Condry, I. 2001 A history of Japanese hip-hop; Street dance, club scene, pop market. In T. Mitchell (ed.), ***Global noise: Rap and hip-hop outside the USA***. Wesleyan University Press.
フィスク・J． 一九九八 『抵抗の快楽―ポピュラーカルチャーの記号論』 世界思想社
岩渕功一編 二〇〇四 『越える文化、交錯する境界―トランス・アジアを翔るメディア文化』 世界思想社
ジェイムソン・F． 二〇〇六 『カルチュラル・ターン』 作品社
Lull, J. 1995 ***Media, communication, culture***. Columbia University Press.
Robertson, R. 1995 Time-space and homogeneity-heterogeneity In M. Featherstone, S. Lash & R. Robertson ***Global modenities***. London: Sage.
Rukprayoon, T. 2002 ***The diffusion Japanese teenage culture on media in Thailand***. MA Thesis; Faculty of Communication Arts, Chulalongkorn University.
Sriyuvasak, U. 2004 Popular culture and youth consumption: Modernity, identity and social transformation. In ***Feeling Asian modernities transnational consumption of Japanese TV dramas***. Hong Kong: Hong Kong University Press.
ストリナチ・D． 二〇〇三 『ポピュラー文化論を学ぶ人のために』 世界思想社

あとがき

私は、前編著『アジアの文化人類学』（一九九九年三月）をテキストとして使用しながら、大学で「文化人類学」や「比較文化論」などの講義を行ってきた。しかし、前編著の出版からすでに九年が経過し、この間、アジアや日本を取り巻く状況にもさまざまな変化がみられるようになった。また私自身も、一年間タイの地方都市に滞在してじっくりと研究をする機会を与えられ、多くのことを学ぶことができた。

こうした経過の中で、アジアや日本を取り巻く近年の状況の変化をふまえて、新たなテキストを出版する必要性を感じ、ナカニシヤ出版にご相談をしたところ、出版を快諾していただいた。新テキストでは、前編著の執筆者の方々に新たな動向や視点を盛り込みながら、それぞれのテーマで執筆をしていただくとともに、数名の若手研究者を起用し、彼ら自身の研究に関わる新たなトピックを付け加えることによる、興味深いテキストづくりを目指してきた。執筆者の皆さんのご協力のおかげで、現代アジアの文化や社会を通して、私たちの生きている現在を〈観て、考える〉に足る内容をもつ本に仕上がったと思う。

最後になるが、本書の出版を快諾していただいたナカニシヤ出版、特に、編集作業中、常にお励ましをいただいた編集部の宍倉由高氏、私の勤務する大学に何度もお運び下さり元気づけて下さった営業部の佐々木克己氏をはじめ、多くの方々のご協力に対して深く感謝申し上げたい。

二〇〇八年三月

編者　片山　隆裕

な

は

ま

や

ら・わ・ん

か

さ

索　引

人名索引

事項索引

著者紹介

片山《かたやま》　隆裕《たかひろ》（編者：序章・第5，7章）
西南学院大学国際文化学部教授

中西《なかにし》　裕二《ゆうじ》（第1章）
日本女子大学人間社会学部教授

佐《さ》々《さ》木《き》正徳《まさのり》（第2章）
長崎外国語大学外国語学部准教授

坂元《さかもと》　一光《いっこう》（第3章）
九州大学大学院人間環境学研究院教授

成末《なりすえ》　繁郎《しげろう》（第4章）
九州産業大学・九州工業大学他非常勤講師

中野《なかの》明《あ》希《き》子《こ》（第5章）
西南学院大学大学院国際文化研究科博士前期課程修了

森谷《もりや》裕《ゆ》美《み》子《こ》（第6章）
跡見学園女子大学文学部教授

小《こ》鳥《とり》居《い》伸介《しんすけ》（第8章）
長崎外国語大学外国語学部教授

韓《かん》　　景旭《けいきょく》（第9章）
西南学院大学国際文化学部教授

岩切《いわきり》　朋彦《ともひこ》（第10章）
鹿児島女子短期大学教養学科准教授

長友《ながとも》　　淳《じゅん》（第11章）
関西学院大学国際学部教授

齋藤《さいとう》　大輔《だいすけ》（第12章）
青山学院大学地球社会共生学部准教授

アジアから観る，考える——文化人類学入門

2008 年 4 月 20 日　初版第 1 刷発行
2022 年 4 月 30 日　初版第 4 刷発行

定価はカヴァーに
表示してあります

編　者　片山隆裕
発行者　中西　良
発行所　株式会社ナカニシヤ出版
〒 606-8161　京都市左京区一乗寺木ノ本町15番地
Telephone 075-723-0111
Facsimile 075-723-0095
Website http://www.nakanishiya.co.jp/
Email iihon-ippai@nakanishiya.co.jp
郵便振替　01030-0-13128

装幀＝白沢　正／印刷・製本＝ファインワークス
Printed in Japan.

ISBN978-4-7795-0254-5